Schiller
Über naive und sentimentalische
Dichtung

Friedrich Schiller

Über naive und sentimentalische Dichtung

Herausgegeben
von Klaus L. Berghahn

Philipp Reclam jun. Stuttgart

Der Text folgt:
Schillers Werke. Nationalausgabe
Zwanzigster Band: Philosophische Schriften. Erster Teil
Unter Mitwirkung von Helmut Koopmann herausgegeben
von Benno von Wiese
Weimar: Hermann Böhlaus Nachfolger, 1962

RECLAMS UNIVERSAL-BIBLIOTHEK Nr. 18213
Alle Rechte vorbehalten
© 2002 Philipp Reclam jun. GmbH & Co. KG, Stuttgart
Gesamtherstellung: Reclam, Ditzingen. Printed in Germany 2010
RECLAM, UNIVERSAL-BIBLIOTHEK und
RECLAMS UNIVERSAL-BIBLIOTHEK sind eingetragene Marken
der Philipp Reclam jun. GmbH & Co. KG, Stuttgart
ISBN 978-3-15-018213-0

www.reclam.de

Ueber naive
und sentimentalische
Dichtung.

Es giebt Augenblicke in unserm Leben, wo wir der Natur in Pflanzen, Mineralen, Thieren, Landschaften, so wie der menschlichen Natur in Kindern, in den Sitten des Landvolks und der Urwelt, nicht weil sie unsern Sinnen wohlthut, auch nicht weil sie unsern Verstand oder Geschmack befriedigt (von beyden kann oft das Gegentheil statt finden) sondern bloß weil sie Natur ist, eine Art von Liebe und von rührender Achtung widmen. Jeder feinere Mensch, dem es nicht ganz und gar an Empfindung fehlt, erfährt dieses, wenn er im Freyen wandelt, wenn er auf dem Lande lebt, oder sich bey den Denkmälern der alten Zeiten verweilet, kurz, wenn er in künstlichen Verhältnissen und Situationen mit dem Anblick der einfältigen Natur überrascht wird. Dieses, nicht selten zum Bedürfniß erhöhte Interesse ist es, was vielen unsrer Liebhabereyen für Blumen und Thiere, für einfache Gärten, für Spaziergänge, für das Land und seine Bewohner, für manche Produkte des fernen Alterthums, u. dgl. zum Grund liegt; vorausgesetzt, daß weder Affectation, noch sonst ein zufälliges Interesse dabey im Spiele sey. Diese Art des Interesse an der Natur findet aber nur unter zwey Bedingungen statt. Fürs erste ist es durchaus nöthig, daß der Gegenstand, der uns dasselbe einflößt, Natur sey oder doch von uns dafür gehalten werde; zweytens daß er (in weitester Bedeutung des Worts) naiv sey, d. h. daß die Natur mit der Kunst im Kontraste stehe und sie beschäme. Sobald das letzte zu dem ersten hinzukommt, und nicht eher, wird die Natur zum Naiven.

Natur in dieser Betrachtungsart ist uns nichts anders, als das freiwillige Daseyn, das Bestehen der Dinge durch sich

selbst, die Existenz nach eignen und unabänderlichen Gesetzen.

Diese Vorstellung ist schlechterdings nöthig, wenn wir
an dergleichen Erscheinungen Interesse nehmen sollen.
Könnte man einer gemachten Blume den Schein der Natur,   5
mit der vollkommensten Täuschung geben, könnte man die
Nachahmung des Naiven in den Sitten bis zur höchsten Illusion treiben, so würde die Entdeckung daß es Nachahmung sey, das Gefühl, von dem die Rede ist, gänzlich ver-
nichten*. Daraus erhellet, daß diese Art des Wohlgefallens   10
an der Natur kein ästhetisches, sondern ein moralisches ist;
denn es wird durch eine Idee vermittelt, nicht unmittelbar
durch Betrachtung erzeugt; auch richtet es sich ganz und
gar nicht nach der Schönheit der Formen. Was hätte auch
eine unscheinbare Blume, eine Quelle, ein bemoßter Stein,   15
das Gezwitscher der Vögel, das Summen der Bienen u. s. w.
für sich selbst so gefälliges für uns? Was könnte ihm gar einen Anspruch auf unsere Liebe geben? Es sind nicht diese
Gegenstände, es ist eine durch sie dargestellte Idee, was wir
in ihnen lieben. Wir lieben in ihnen das stille schaffende Le-   20
ben, das ruhige Wirken aus sich selbst, das Daseyn nach
eignen Gesetzen, die innere Nothwendigkeit, die ewige
Einheit mit sich selbst.

Sie sind, was wir w a r e n ; sie sind, was wir wieder
w e r d e n   s o l l e n . Wir waren Natur, wie sie, und unsere   25

---

* Kant, meines Wissens der erste, der über dieses Phänomen eigends zu reflektiren angefangen, erinnert, daß wenn wir von einem Menschen den Schlag
der Nachtigall bis zur höchsten Täuschung nachgeahmt fänden, und uns dem
Eindruck desselben mit ganzer Rührung überließen, mit der Zerstörung dieser
Illusion alle unsere Lust verschwinden würde. Man sehe das Capitel   v o m   30
i n t e l l e k t u e l l e n   I n t e r e s s e   a m   S c h ö n e n in der Critik der ästhetischen
Urtheilskraft. Wer den Verfasser nur als einen großen Denker bewundern ge-
lernt hat, wird sich freuen, hier auf eine Spur seines Herzens zu treffen, und
sich durch diese Entdeckung von dem hohen philosophischen Beruf dieses
Mannes (welcher schlechterdings beyde Eigenschaften verbunden fodert) zu   35
überzeugen.

Kultur soll uns, auf dem Wege der Vernunft und der Freyheit, zur Natur zurückführen. Sie sind also zugleich Darstellung unserer verlornen Kindheit, die uns ewig das theuerste bleibt; daher sie uns mit einer gewissen Wehmuth erfüllen. Zugleich sind sie Darstellungen unserer höchsten Vollendung im Ideale, daher sie uns in eine erhabene Rührung versetzen.

Aber ihre Vollkommenheit ist nicht ihr Verdienst, weil sie nicht das Werk ihrer Wahl ist. Sie gewähren uns also die ganz eigene Lust, daß sie, ohne uns zu beschämen, unsere Muster sind. Eine beständige Göttererscheinung umgeben sie uns, aber mehr erquickend als blendend. Was ihren Character ausmacht, ist gerade das, was dem unsrigen zu seiner Vollendung mangelt; was uns von ihnen unterscheidet, ist gerade das, was ihnen selbst zur Göttlichkeit fehlt. Wir sind frey und sie sind nothwendig; wir wechseln, sie bleiben eins. Aber nur, wenn beydes sich mit einander verbindet – wenn der Wille das Gesetz der Nothwendigkeit frey befolgt und bey allem Wechsel der Phantasie die Vernunft ihre Regel behauptet, geht das Göttliche oder das Ideal hervor. Wir erblicken in ihnen also ewig das, was uns abgeht, aber wornach wir aufgefodert sind zu ringen, und dem wir uns, wenn wir es gleich niemals erreichen, doch in einem unendlichen Fortschritte zu nähern hoffen dürfen. Wir erblicken in uns einen Vorzug, der ihnen fehlt, aber dessen sie entweder überhaupt niemals, wie das vernunftlose, oder nicht anders als indem sie unsern Weg gehen, wie die Kindheit, theilhaftig werden können. Sie verschaffen uns daher den süssesten Genuß unserer Menschheit als Idee, ob sie uns gleich in Rücksicht auf jeden bestimmten Zustand unserer Menschheit nothwendig demüthigen müssen.

Da sich dieses Interesse für Natur auf eine Idee gründet, so kann es sich nur in Gemüthern zeigen, welche für Ideen empfänglich sind, d. h. in moralischen. Bey weitem die

mehresten Menschen affektiren es bloß, und die Allgemeinheit dieses sentimentalischen Geschmacks zu unsern Zeiten, welcher sich besonders seit der Erscheinung gewisser
Schriften, in empfindsamen Reisen, dergleichen Gärten,
Spaziergängen und andern Liebhabereyen dieser Art äussert, ist noch ganz und gar kein Beweis für die Allgemeinheit dieser Empfindungsweise. Doch wird die Natur auch
auf den gefühllosesten immer etwas von dieser Wirkung
äußern, weil schon die, allen Menschen gemeine, A n l a g e
zum Sittlichen dazu hinreichend ist, und wir alle ohne Unterschied, bey noch so großer Entfernung unserer T h a-
t e n von der Einfalt und Wahrheit der Natur, in der
I d e e dazu hingetrieben werden. Besonders stark und am
allgemeinsten äussert sich diese Empfindsamkeit für Natur
auf Veranlassung solcher Gegenstände, welche in einer en-
gern Verbindung mit uns stehen, und uns den Rückblick
auf uns selbst und die U n n a t u r in uns näher legen, wie
z. B. bey Kindern und kindlichen Völkern. Man irrt, wenn
man glaubt, daß es bloß die Vorstellung der Hülflosigkeit
sey, welche macht, daß wir in gewissen Augenblicken mit
so viel Rührung bey Kindern verweilen. Das mag bey denjenigen vielleicht der Fall seyn, welche der Schwäche gegenüber nie etwas anders als ihre eigene Überlegenheit zu
empfinden pflegen. Aber das Gefühl, von dem ich rede, (es
findet nur in ganz eigenen moralischen Stimmungen statt,
und ist nicht mit demjenigen zu verwechseln, welches die
fröhliche Thätigkeit der Kinder in uns erregt) ist eher de-
müthigend als begünstigend für die Eigenliebe; und wenn ja
ein Vorzug dabey in Betrachtung kommt, so ist dieser wenigstens nicht auf unserer Seite. Nicht weil wir von der
Höhe unserer Kraft und Vollkommenheit auf das Kind her-
absehen, sondern weil wir aus der B e s c h r ä n k t h e i t unsers Zustands, welche von der B e s t i m m u n g, die wir
einmal erlangt haben, unzertrennlich ist, zu der gränzenlo-
sen B e s t i m m b a r k e i t in dem Kinde und zu seiner reinen Unschuld h i n a u f s e h e n, gerathen wir in Rührung,

und unser Gefühl in einem solchen Augenblick ist zu sichtbar mit einer gewissen Wehmuth gemischt, als daß sich diese Quelle desselben verkennen ließe. In dem Kinde ist die Anlage und Bestimmung, in uns ist die Erfüllung dargestellt, welche immer unendlich weit hinter jener zurückbleibt. Das Kind ist uns daher eine Vergegenwärtigung des Ideals, nicht zwar des erfüllten, aber des aufgegebenen, und es ist also keineswegs die Vorstellung seiner Bedürftigkeit und Schranken, es ist ganz im Gegentheil die Vorstellung seiner reinen und freyen Kraft, seiner Integrität, seiner Unendlichkeit, was uns rührt. Dem Menschen von Sittlichkeit und Empfindung wird ein Kind deswegen ein heiliger Gegenstand seyn, ein Gegenstand nehmlich, der durch die Größe einer Idee jede Größe der Erfahrung vernichtet; und der, was er auch in der Beurtheilung des Verstandes verlieren mag, in der Beurtheilung der Vernunft wieder in reichem Maaße gewinnt.

Eben aus diesem Widerspruch zwischen dem Urtheile der Vernunft und des Verstandes geht die ganz eigene Erscheinung des gemischten Gefühls hervor, welches das Naive der Denkart in uns erreget. Es verbindet die kindliche Einfalt mit der kindischen; durch die letztere giebt es dem Verstand eine Blöße und bewirkt jenes Lächeln, wodurch wir unsre (theoretische) Überlegenheit zu erkennen geben. Sobald wir aber Ursache haben zu glauben, daß die kindische Einfalt zugleich eine kindliche sey, daß folglich nicht Unverstand, nicht Unvermögen, sondern eine höhere (praktische) Stärke, ein Herz voll Unschuld und Wahrheit, die Quelle davon sey, welches die Hülfe der Kunst aus innrer Größe verschmähte, so ist jener Triumph des Verstandes vorbey, und der Spott über die Einfältigkeit geht in Bewunderung der Einfachheit über. Wir fühlen uns genöthigt, den Gegenstand zu achten, über den wir vorher gelächelt haben, und, indem wir zugleich einen Blick in uns selbst werfen, uns zu beklagen, daß wir demselben nicht ähnlich sind. So entsteht die ganz eigene

Erscheinung eines Gefühls, in welchem fröhlicher Spott, Ehrfurcht und Wehmuth zusammenfließen*. Zum Naiven wird erfodert, daß die Natur über die Kunst den Sieg da-

---

* Kant in einer Anmerkung zu der Analytik des Erhabenen (Critik der ästhetischen Urtheilskraft. S. 225. der ersten Auflage) unterscheidet gleichfalls
diese dreyerley Ingredienzien in dem Gefühl des Naiven, aber er giebt davon
eine andre Erklärung. »Etwas aus beidem (dem animalischen Gefühl des Ver-
gnügens und dem geistigen Gefühl der Achtung) zusammengesetztes findet
sich in der Naivetät, die der Ausbruch der der Menschheit ursprünglich natürlichen Aufrichtigkeit wider die zur andern Natur gewordene Verstellungskunst
ist. Man lacht über die Einfalt, die es noch nicht versteht, sich zu verstellen und
erfreut sich doch auch über die Einfalt der Natur, die jener Kunst hier einen
Querstrich spielt. Man erwartete die alltägliche Sitte der gekünstelten und *auf*
den schönen Schein vorsichtig angelegten Aeußerung und siehe es ist die un-
verdorbene schuldlose Natur, die man anzutreffen gar nicht gewärtig und der,
so sie blicken ließ, zu entblößen auch nicht gemeynet war. Daß der schöne,
aber falsche Schein, der gewöhnlich in unserm Urtheile sehr viel bedeutet, hier
plötzlich in Nichts verwandelt, daß gleichsam der Schalk in uns selbst bloß gestellt wird, bringt die Bewegung des Gemüths nach zwey entgegengesetzten
Richtungen nach einander hervor, die zugleich den Körper heilsam schüttelt.
Daß aber etwas, was unendlich besser als alle angenommene Sitte, die Lau-
terkeit der Denkungsart, (wenigstens die Anlage dazu) doch nicht ganz in der
menschlichen Natur erloschen ist, mischt Ernst und Hochschätzung in dieses
Spiel der Urtheilskraft. Weil es aber nur eine kurze Zeit Erscheinung ist und die
Decke der Verstellungskunst bald wieder vorgezogen wird, so mengt sich zugleich ein Bedauren darunter, welches eine Rührung der Zärtlichkeit ist, die
sich als Spiel mit einem solchen gutherzigen Lachen sehr wohl verbinden läßt,
und auch wirklich damit gewöhnlich verbindet, zugleich auch der Verlegenheit
dessen, der den Stoff dazu hergiebt, darüber daß er noch nicht nach Menschen-
weise gewitzigt ist, zu vergüten pflegt.« – Ich gestehe, daß diese Erklärungsart
mich nicht ganz befriedigt, und zwar vorzüglich deswegen nicht, weil sie von
dem Naiven überhaupt etwas behauptet, was höchstens von einer Species desselben, dem Naiven der Ueberraschung, von welchem ich nachher reden werde, wahr ist. Allerdings erregt es L a c h e n, wenn sich jemand durch Naivetät
b l o ß g i e b t, und in manchen Fällen mag dieses Lachen aus einer vorherge-
gangenen Erwartung, die in Nichts aufgelößt wird, fließen. Aber auch das Naive der edelsten Art, das Naive der Gesinnung erregt immer ein L ä c h e l n,
welches doch schwerlich eine in Nichts aufgelößte Erwartung zum Grunde
hat, sondern überhaupt nur aus dem Kontrast eines gewißen Betragens mit den
einmal angenommenen und erwarteten Formen zu erklären ist. Auch zweifle
ich, ob die Bedauerniß, welche sich bey dem Naiven der letztern Art in unsre
Empfindung mischt, der naiven Person und nicht vielmehr uns selbst oder vielmehr der Menschheit überhaupt gilt, an deren Verfall wir bey einem solchen
Anlaß erinnert werden. Es ist zu offenbar eine moralische Trauer, die einen ed-

von trage* es geschehe dieß nun wider Wissen und Willen
der Person, oder mit völligem Bewußtseyn derselben. In
dem ersten Fall ist es das Naive der Überraschung
und belustigt; in dem andern ist es das Naive der Gesin-
5 nung und rührt.

Bey dem Naiven der Überraschung muß die Person
moralisch fähig seyn, die Natur zu verläugnen: bey dem
Naiven der Gesinnung darf sie es nicht seyn, doch dürfen
wir sie uns nicht als physisch unfähig dazu denken,
10 wenn es als naiv auf uns wirken soll. Die Handlungen und
Reden der Kinder geben uns daher auch nur so lange den
reinen Eindruk des Naiven, als wir uns ihres Unvermögens
zur Kunst nicht erinnern, und überhaupt nur auf den Kontrast ihrer Natürlichkeit mit der Künstlichkeit in uns Rück-
15 sicht nehmen. Das Naive ist eine Kindlichkeit, wo
sie nicht mehr erwartet wird, und kann eben
deßwegen der wirklichen Kindheit in strengster Bedeutung
nicht zugeschrieben werden.

In beyden Fällen aber, beym Naiven der Überraschung
20 wie bey dem der Gesinnung muß die Natur Recht, die
Kunst aber Unrecht haben.

Erst durch diese letztere Bestimmung wird der Begriff
des Naiven vollendet. Der Affekt ist auch Natur und die
Regel der Anständigkeit ist etwas Künstliches, dennoch ist
25 der Sieg des Affekts über die Anständigkeit nicht weniger
als naiv. Siegt hingegen derselbe Affekt über die Künsteley,
über die falsche Anständigkeit, über die Verstellung, so tra-

---

lern Gegenstand haben muß, als die physischen Uebel, von denen die Aufrichtigkeit in dem gewöhnlichen Weltlauf bedrohet wird, und dieser Gegenstand
kann nicht wohl ein anderer seyn, als der Verlust der Wahrheit und Simplicität
in der Menschheit.

* Ich sollte vielleicht ganz kurz sagen: die Wahrheit über die Verstellung, aber der Begriff des Naiven scheint mir noch etwas mehr einzu-
schließen, indem die Einfachheit überhaupt, welche über die Künsteley, und die
5 natürliche Freyheit, welche über Steifheit und Zwang siegt, ein ähnliches Gefühl in uns erregen.

gen wir kein Bedenken, es naiv zu nennen*. Es wird also
erfodert, daß die Natur nicht durch ihre blinde Gewalt als
dynamische, sondern daß sie durch ihre Form als
moralische Größe, kurz daß sie nicht als Nothdurft, sondern als innre Nothwendigkeit über
die Kunst triumphiere. Nicht die Unzulänglichkeit sondern die Unstatthaftigkeit der letztern muß der erstern den Sieg verschaft haben; denn jene ist Mangel, und
nichts, was aus Mangel entspringt, kann Achtung erzeugen.
Zwar ist es bey dem Naiven der Überraschung immer die
Übermacht des Affekts und ein Mangel an Besinnung,
was die Natur bekennen macht; aber dieser Mangel und
jene Übermacht machen das Naive noch gar nicht aus, sondern geben bloß Gelegenheit, daß die Natur ihrer moralischen Beschaffenheit, d. h. dem Gesetze der
Übereinstimmung ungehindert folgt.

Das Naive der Überraschung kann nur dem Menschen
und zwar dem Menschen nur, insofern er in diesem Augenblicke nicht mehr reine und unschuldige Natur ist, zukommen. Es setzt einen Willen voraus, der mit dem was die Natur auf ihre eigene Hand thut, nicht übereinstimmt. Eine
solche Person wird, wenn man sie zur Besinnung bringt,
über sich selbst erschrecken; die naiv gesinnte hingegen
wird sich über die Menschen und über ihr Erstaunen verwundern. Da also hier nicht der persönliche und morali-

---

* Ein Kind ist ungezogen, wenn es aus Begierde, Leichtsinn, Ungestüm,
den Vorschriften einer guten Erziehung entgegenhandelt, aber es ist naiv, wenn
es sich von dem Manierierten einer unvernünftigen Erziehung, von den steifen
Stellungen des Tanzmeisters u. dergl. aus freyer und gesunder Natur dispensiert. Dasselbe findet auch bey dem Naiven in ganz uneigentlicher Bedeutung
statt, welches durch Uebertragung von dem Menschen auf das Vernunftlose
entstehet. Niemand wird den Anblick naiv finden, wenn in einem Garten, der
schlecht gewartet wird, das Unkraut überhand nimmt, aber es hat allerdings etwas naives, wenn der freye Wuchs hervorstrebender Aeste das mühselige Werk
der Scheere in einem französischen Garten vernichtet. So ist es ganz und gar
nicht naiv, wenn ein geschultes Pferd aus natürlicher Plumpheit seine Lection
schlecht macht, aber es hat etwas vom Naiven, wenn es dieselbe aus natürlicher
Freyheit vergißt.

sche Charakter, sondern bloß der, durch den Affekt frey-
gelassene, natürliche Charakter die Wahrheit bekennt, so
machen wir dem Menschen aus dieser Aufrichtigkeit kein
Verdienst und unser Lachen ist verdienter Spott, der durch
5 keine persönliche Hochschätzung desselben zurückgehal-
ten wird. Weil es aber doch auch hier die Aufrichtigkeit der
Natur ist, die durch den Schleier der Falschheit hindurch
bricht, so verbindet sich eine Zufriedenheit höherer Art,
mit der Schadenfreude, einen Menschen ertappt zu haben;
10 denn die Natur im Gegensatz gegen die Künsteley und die
Wahrheit im Gegensatz gegen den Betrug muß jederzeit
Achtung erregen. Wir empfinden also auch über das Naive
der Überraschung ein wirklich moralisches Vergnügen, obgleich nicht über einen moralischen Charakter*.

15 Bey dem Naiven der Überraschung achten wir zwar immer die Natur, weil wir die Wahrheit achten müssen; bey
dem Naiven der Gesinnung achten wir hingegen die Person, und genießen also nicht bloß ein moralisches Vergnügen sondern auch über einen moralischen Gegenstand. In
20 dem einen wie in dem andern Falle hat die Natur Recht,
daß sie die Wahrheit sagt; aber in dem letztern Fall hat die
Natur nicht bloß Recht, sondern die Person hat auch Ehre.
In dem ersten Falle gereicht die Aufrichtigkeit der Natur der
Person immer zur Schande, weil sie unfreywillig ist; in dem
25 zweyten gereicht sie ihr immer zum Verdienst, gesetzt auch,
daß dasjenige, was sie aussagt, ihr Schande brächte.

---

* Da das Naive bloß auf der Form beruht, wie etwas gethan oder gesagt
wird, so verschwindet uns diese Eigenschaft aus den Augen, sobald die Sache
selbst entweder durch ihre Ursachen oder durch ihre Folgen einen überwiegen-
den oder gar widersprechenden Eindruck macht. Durch eine Naivetät dieser
Art kann auch ein Verbrechen entdeckt werden, aber dann haben wir weder die
Ruhe noch die Zeit, unsre Aufmerksamkeit auf die Form der Entdeckung zu
richten, und der Abscheu über den persönlichen Charakter verschlingt das
Wohlgefallen an dem natürlichen. So wie uns das empörte Gefühl die moralische Freude an der Aufrichtigkeit der Natur raubt, sobald wir durch eine Naivetät ein Verbrechen erfahren; eben so erstickt das erregte Mitleiden unsere
Schadenfreude sobald wir jemand durch seine Naivetät in Gefahr gesetzt sehen.

Wir schreiben einem Menschen eine naive Gesinnung zu, wenn er in seinen Urtheilen von den Dingen ihre gekünstelten und gesuchten Verhältniße übersieht und sich bloß an die einfache Natur hält. Alles was innerhalb der gesunden Natur davon geurteilt werden kann, fodern wir von ihm, und erlassen ihm schlechterdings nur das, was eine Entfernung von der Natur, es sey nun im Denken oder im Empfinden, wenigstens Bekanntschaft derselben voraussetzt.

Wenn ein Vater seinem Kinde erzählt, daß dieser oder jener Mann für Armuth verschmachte, und das Kind hingeht, und dem armen Mann seines Vaters Geldbörse zuträgt, so ist die Handlung naiv; denn die gesunde Natur handelte aus dem Kinde, und in einer Welt, wo die gesunde Natur herrschte, würde es vollkommen Recht gehabt haben, so zu verfahren. Es sieht bloß auf das Bedürfniß, und auf das nächste Mittel es zu befriedigen; eine solche Ausdehnung des Eigenthumsrechtes, wobey ein Theil der Menschen zu Grunde gehen kann, ist in der bloßen Natur nicht gegründet. Die Handlung des Kindes ist also eine Beschämung der wirklichen Welt, und das gesteht auch unser Herz durch das Wohlgefallen, welches es über jene Handlung empfindet.

Wenn ein Mensch ohne Weltkenntniß, sonst aber von gutem Verstande, einem andern, der ihn betrügt, sich aber geschickt zu verstellen weiß, seine Geheimnisse beichtet, und ihm durch seine Aufrichtigkeit selbst die Mittel leyht ihm zu schaden, so finden wir das naiv. Wir lachen ihn aus, aber können uns doch nicht erwehren, ihn deswegen hochzuschätzen. Denn sein Vertrauen auf den andern quillt aus der Redlichkeit seiner eigenen Gesinnungen; wenigstens ist er nur in so fern naiv, als dieses der Fall ist.

Das Naive der Denkart kann daher niemals eine Eigenschaft verdorbener Menschen seyn, sondern nur Kindern und kindlich gesinnten Menschen zukommen. Diese letztern handeln und denken oft mitten unter den gekünstelten Verhältnissen der großen Welt naiv; sie vergessen aus eigener schöner Menschlichkeit, daß sie es mit einer verderbten Welt zu thun haben, und betragen sich selbst an den Höfen der Könige mit einer Ingenuität und Unschuld, wie man sie nur in einer Schäferwelt findet.

Es ist übrigens gar nicht so leicht, die kindische Unschuld von der kindlichen immer richtig zu unterscheiden, indem es Handlungen giebt, welche auf der äussersten Grenze zwischen beyden schweben, und bey denen wir schlechterdings im Zweifel gelassen werden, ob wir die Einfältigkeit belachen oder die edle Einfalt hochschätzen sollen. Ein sehr merkwürdiges Beyspiel dieser Art findet man in der Regierungsgeschichte des Pabstes Adrian des Sechsten, die uns Herr Schröckh mit der ihm eigenen Gründlichkeit und pragmatischen Wahrheit beschrieben hat. Dieser Pabst, ein Niederländer von Geburt, verwaltete das Pontifikat in einem der kritischten Augenblicke für die Hierarchie, wo eine erbitterte Parthey die Blößen der römischen Kirche ohne alle Schonung aufdeckte, und die Gegenparthey im höchsten Grad interessiert war, sie zuzudecken. Was der wahrhaft naive Character, wenn je ein solcher sich auf den Stuhl des heiligen Peters verirrte, in diesem Falle zu thun hätte ist keine Frage; wohl aber wie weit eine solche Naivetät der Gesinnung mit der Rolle eines Pabstes verträglich seyn möchte. Dieß war es übrigens, was die Vorgänger und die Nachfolger Adrians in die geringste Verlegenheit setzte. Mit Gleichförmigkeit befolgten sie das einmal angenommene römische System, überall nichts einzuräumen. Aber Adrian hatte wirklich den geraden Character seiner Nation, und die Unschuld seines ehemaligen Standes. Aus der engen Sphäre des Gelehrten war er zu seinem erhabenen Posten emporgestiegen, und selbst auf der Höhe seiner neuen Würde jenem einfachen Character nicht untreu geworden. Die Mißbräuche in der Kirche rührten ihn, und er war viel zu redlich, öffentlich zu dißimulieren, was er im stillen sich eingestand. Dieser Denkart gemäß ließ er sich in der Instruktion, die er seinem

Legaten nach Deutschland mitgab, zu Geständnißen verlei-
ten, die noch bey keinem Pabste erhört gewesen waren,
und den Grundsätzen dieses Hofes schnurgerade zuwider-
liefen. »Wir wissen es wohl,« hieß es unter andern, »daß an
diesem heiligen Stuhl schon seit mehrern Jahren viel Ab-
scheuliches vorgegangen; kein Wunder, wenn sich der kranke Zustand von dem Haupt auf die Glieder, von dem Pabst
auf die Prälaten fortgeerbt hat. Wir alle sind abgewichen,
und schon seit lange ist keiner unter uns gewesen, der etwas Gutes gethan hätte, auch nicht Einer.« Wieder anders-
wo befiehlt er dem Legaten in seinem Nahmen zu erklären,
»daß er, Adrian, wegen dessen, was vor ihm von den Päb-
sten geschehen, nicht dürfe getadelt werden, und daß dergleichen Ausschweifungen, auch da er noch in einem geringen Stande gelebt, ihm immer mißfallen hätten u. s. f.« Man
kann sich leicht denken, wie eine solche Naivetät des Pabstes von der römischen Klerisey mag aufgenommen worden seyn; das wenigste, was man ihm Schuld gab, war, daß
er die Kirche an die Ketzer verrathen habe. Dieser höchst
unkluge Schritt des Pabstes würde indessen unsrer ganzen
Achtung und Bewunderung werth seyn, wenn wir uns nur
überzeugen könnten, daß er wirklich naiv gewesen, d. h.
daß er ihm bloß durch die natürliche Wahrheit seines Cha-
racters ohne alle Rücksicht auf die möglichen Folgen abge-
nöthiget worden sey, und daß er ihn nicht weniger gethan
haben würde, wenn er die begangene Unschicklichkeit in
ihrem ganzen Umfang eingesehen hätte. Aber wir haben einige Ursache zu glauben, daß er diesen Schritt für gar nicht
so unpolitisch hielt, und in seiner Unschuld so weit gieng
zu hoffen, durch seine Nachgiebigkeit gegen die Gegner etwas sehr wichtiges für den Vortheil seiner Kirche gewonnen zu haben. Er bildete sich nicht bloß ein, diesen Schritt
als redlicher Mann thun zu müssen, sondern ihn auch als
Pabst verantworten zu können, und indem er vergaß, daß
das künstlichste aller Gebäude schlechterdings nur durch
eine fortgesetzte Verläugnung der Wahrheit erhalten wer-

den könnte, begieng er den unverzeyhlichen Fehler, Verhaltungsregeln, die in natürlichen Verhältnissen sich bewährt haben mochten, in einer ganz entgegengesetzten Lage zu befolgen. Dieß verändert allerdings unser Urtheil sehr; und ob wir gleich der Redlichkeit des Herzens, aus dem jene Handlung floß, unsere Achtung nicht versagen können, so wird diese letztere nicht wenig durch die Betrachtung geschwächt, daß die Natur an der Kunst und das Herz an dem Kopf einen zu schwachen Gegner gehabt habe.

Naiv muß jedes wahre Genie seyn, oder es ist keines. Seine Naivetät allein macht es zum Genie, und was es im Intellektuellen und Ästhetischen ist, kann es im Moralischen nicht verläugnen. Unbekannt mit den Regeln, den Krücken der Schwachheit und den Zuchtmeistern der Verkehrtheit, bloß von der Natur oder dem Instinkt, seinem schützenden Engel, geleitet, geht es ruhig und sicher durch alle Schlingen des falschen Geschmackes, in welchen, wenn es nicht so klug ist, sie schon von weitem zu vermeiden, das Nichtgenie unausbleiblich verstrickt wird. Nur dem Genie ist es gegeben, ausserhalb des Bekannten noch immer zu Hause zu seyn, und die Natur zu erweitern, ohne über sie hinauszugehen. Zwar begegnet letzteres zuweilen auch den größten Genies, aber nur, weil auch diese ihre phantastischen Augenblicke haben, wo die schützende Natur sie verläßt, weil die Macht des Beyspiels sie hinreißt, oder der verderbte Geschmack ihrer Zeit sie verleitet.

Die verwickeltsten Aufgaben muß das Genie mit anspruchloser Simplicität und Leichtigkeit lösen; das Ey des Columbus gilt von jeder genialischen Entscheidung. Dadurch allein legitimiert es sich als Genie, daß es durch Einfalt über die verwickelte Kunst triumphiert. Es verfährt nicht nach erkannten Prinzipien sondern nach Einfällen und Gefühlen; aber seine Einfälle sind Eingebungen eines Gottes (alles was die gesunde Natur thut ist göttlich) seine Gefühle sind Gesetze für alle Zeiten und für alle Geschlechter der Menschen.

Den kindlichen Charakter, den das Genie in seinen Werken abdrückt, zeigt es auch in seinem Privat-Leben und in
seinen Sitten. Es ist schaamhaft, weil die Natur dieses
immer ist; aber es ist nicht decent, weil nur die Verderbniß decent ist. Es ist verständig, denn die Natur kann
nie das Gegentheil seyn; aber es ist nicht listig, denn das
kann nur die Kunst seyn. Es ist seinem Charakter und seinen Neigungen treu, aber nicht sowohl weil es Grundsätze hat, als weil die Natur bey allem Schwanken immer
wieder in die vorige Stelle rückt, immer das alte Bedürfniß
zurück bringt. Es ist bescheiden, ja blöde, weil das Genie immer sich selbst ein Geheimniß bleibt, aber es ist nicht
ängstlich, weil es die Gefahren des Weges nicht kennt, den
es wandelt. Wir wissen wenig von dem Privatleben der
größten Genies, aber auch das wenige, was uns z. B. von
Sophokles, von Archimed, von Hippokrates,
und aus neueren Zeiten von Ariost, Dante und Tasso, von Raphael, von Albrecht Dürer, Zervantes, Shakespear, von Fielding, Sterne u. a. aufbewahrt worden ist, bestätigt diese Behauptung.

Ja, was noch weit mehr Schwürigkeit zu haben scheint,
selbst der große Staatsmann und Feldherr, werden sobald
sie durch ihr Genie groß sind, einen naiven Charakter
zeigen. Ich will hier unter den Alten nur an Epaminondas und Julius Cäsar, unter den Neuern nur an
Heinrich den Vierten von Frankreich, Gustav
Adolph von Schweden und den Czar Peter den Großen erinnern. Der Herzog von Marlborough, Türenne, Vendome zeigen uns alle diesen Charakter.
Dem andern Geschlecht hat die Natur in dem naiven Charakter seine höchste Vollkommenheit angewiesen. Nach
nichts ringt die weibliche Gefallsucht so sehr als nach dem
Schein des Naiven; Beweis genug, wenn man auch
sonst keinen hätte, daß die größte Macht des Geschlechts
auf dieser Eigenschaft beruhet. Weil aber die herrschenden
Grundsätze bey der weiblichen Erziehung mit diesem Cha-

rakter in ewigem Streit liegen, so ist es dem Weibe im moralischen eben so schwer als dem Mann im intellektuellen
mit den Vortheilen der guten Erziehung jenes herrliche Geschenk der Natur unverloren zu behalten; und die Frau,
die mit einem geschickten Betragen für die große Welt dieses Naive der Sitten verknüpft, ist eben so hochachtungs-
würdig als der Gelehrte, der mit der ganzen Strenge der
Schule Genialische Freyheit des Denkens verbindet.

Aus der naiven Denkart fließt nothwendigerweise auch
ein naiver Ausdruck sowohl in Worten als Bewegungen,
und er ist das wichtigste Bestandstück der Grazie. Mit dieser naiven Anmuth drückt das Genie seine erhabensten und
tiefsten Gedanken aus; es sind Göttersprüche aus dem
Mund eines Kindes. Wenn der Schulverstand, immer vor
Irrthum bange, seine Worte wie seine Begriffe an das Kreuz
der Grammatik und Logik schlägt, hart und steif ist, um ja
nicht unbestimmt zu seyn, viele Worte macht, um ja nicht
zu viel zu sagen, und dem Gedanken, damit er ja den Un-
vorsichtigen nicht schneide, lieber die Kraft und die Schärfe
nimmt, so giebt das Genie dem seinigen mit einem einzigen
glücklichen Pinselstrich einen ewig bestimmten, festen und
dennoch ganz freyen Umriß. Wenn dort das Zeichen dem
Bezeichneten ewig heterogen und fremd bleibt, so springt
hier wie durch innere Nothwendigkeit die Sprache aus dem
Gedanken hervor, und ist so sehr eins mit demselben, daß
selbst unter der körperlichen Hülle der Geist wie entblößet
erscheint. Eine solche Art des Ausdrucks, wo das Zeichen
ganz in dem Bezeichneten verschwindet, und wo die Sprache den Gedanken, den sie ausdrückt, noch gleichsam nak-
kend läßt, da ihn die andre nie darstellen kann, ohne ihn
zugleich zu verhüllen, ist es, was man in der Schreibart vorzugsweise genialisch und geistreich nennt.

Frey und natürlich, wie das Genie in seinen Geisteswer-
ken, drückt sich die Unschuld des Herzens im lebendigen
Umgang aus. Bekanntlich ist man im gesellschaftlichen Leben von der Simplicität und strengen Wahrheit des Aus-

drucks in demselben Verhältniß, wie von der Einfalt der
Gesinnungen abgekommen, und die leicht zu verwundende
Schuld so wie die leicht zu verführende Einbildungskraft
haben einen ängstlichen Anstand nothwendig gemacht.
Ohne falsch zu seyn redet man öfters anders, als man
denkt; man muß Umschweife nehmen, um Dinge zu sagen,
die nur einer kranken Eigenliebe Schmerz bereiten, nur einer verderbten Phantasie Gefahr bringen können. Eine Un-
kunde dieser konventionellen Gesetze, verbunden mit natürlicher Aufrichtigkeit, welche jede Krümme und jeden
Schein von Falschheit verachtet, (nicht Roheit, welche sich
darüber, weil sie ihr lästig sind, hinwegsetzt) erzeugen ein
Naives des Ausdrucks im Umgang, welches darinn besteht,
Dinge, die man entweder gar nicht oder nur künstlich be-
zeichnen darf, mit ihrem rechten Nahmen und auf dem
kürzesten Wege zu benennen. Von der Art sind die gewöhnlichen Ausdrücke der Kinder. Sie erregen Lachen
durch ihren Kontrast mit den Sitten, doch wird man sich
immer im Herzen gestehen, daß das Kind recht habe.

Der Naive der Gesinnung kann zwar, eigentlich genommen, auch nur dem Menschen als einem der Natur nicht
schlechterdings unterworfenen Wesen beygelegt werden,
obgleich nur insofern als wirklich noch die reine Natur aus
ihm handelt; aber durch einen Effekt der poetisirenden
Einbildungskraft wird es öfters von dem Vernünftigen auf
das Vernunftlose übertragen. So legen wir öfters einem
Thiere, einer Landschaft, einem Gebäude, ja der Natur
überhaupt, im Gegensatz gegen die Willkühr und die phantastischen Begriffe des Menschen einen naiven Charakter
bey. Dieß erfodert aber immer, daß wir dem Willenlosen in
unsern Gedanken einen Willen leyhen, und auf die strenge
Richtung desselben nach dem Gesetz der Nothwendigkeit
merken. Die Unzufriedenheit über unsere eigene schlecht
gebrauchte moralische Freyheit und über die in unserm
Handeln vermißte sittliche Harmonie führt leicht eine solche Stimmung herbey, in der wir das Vernunftlose wie eine

Person anreden, und demselben, als wenn es wirklich mit einer Versuchung zum Gegentheil zu kämpfen gehabt hätte, seine ewige Gleichförmigkeit zum Verdienst machen, seine ruhige Haltung beneiden. Es steht uns in einem solchen Augenblicke wohl an, daß wir das Prärogativ unserer Vernunft für einen Fluch und für ein Uebel halten, und über dem lebhaften Gefühl der Unvollkommenheit unseres wirklichen Leistens die Gerechtigkeit gegen unsre Anlage und Bestimmung aus den Augen setzen.

Wir sehen alsdann in der unvernünftigen Natur nur eine glücklichere Schwester, die in dem mütterlichen Hause zurückblieb, aus welchem wir im Übermuth unserer Freyheit heraus in die Fremde stürmten. Mit schmerzlichem Verlangen sehnen wir uns dahin zurück, sobald wir angefangen, die Drangsale der Kultur zu erfahren und hören im fernen Auslande der Kunst der Mutter rührende Stimme. Solange wir bloße Naturkinder waren, waren wir glücklich und vollkommen; wir sind frey geworden, und haben beydes verloren. Daraus entspringt eine doppelte und sehr ungleiche Sehnsucht nach der Natur; eine Sehnsucht nach ihrer Glückseligkeit, eine Sehnsucht nach ihrer Vollkommenheit. Den Verlust der ersten beklagt nur der sinnliche Mensch; um den Verlust der andern kann nur der moralische trauren.

Frage dich also wohl, empfindsamer Freund der Natur, ob deine Trägheit nach ihrer Ruhe, ob deine beleidigte Sittlichkeit nach ihrer Übereinstimmung schmachtet? Frage dich wohl, wenn die Kunst dich aneckelt und die Mißbräuche in der Gesellschaft dich zu der leblosen Natur in die Einsamkeit treiben, ob es ihre Beraubungen, ihre Lasten, ihre Mühseligkeiten oder ob es ihre moralische Anarchie, ihre Willkühr, ihre Unordnungen sind, die du an ihr verabscheust? In jene muß dein Muth sich mit Freuden stürzen und dein Ersatz muß die Freyheit selbst seyn, aus der sie fließen. Wohl darfst du dir das ruhige Naturglück zum Ziel in der Ferne aufstecken, aber nur jenes, welches der Preis

deiner Würdigkeit ist. Also nichts von Klagen über die
Erschwerung des Lebens, über die Ungleichheit der Konditionen, über den Druck der Verhältnisse, über die Unsicherheit des Besitzes, über Undank, Unterdrückung, Verfolgung; allen Übeln der Kultur mußt du mit freyer
Resignation dich unterwerfen, mußt sie als die Naturbedin-
gungen des Einzig guten respektiren; nur das Böse derselben mußt du, aber nicht bloß mit schlaffen Thränen, beklagen. Sorge vielmehr dafür, daß du selbst unter jenen Be-
fleckungen rein, unter jener Knechtschaft frey, unter jenem
launischen Wechsel beständig, unter jener Anarchie gesetz-
mäßig handelst. Fürchte dich nicht vor der Verwirrung ausser dir, aber vor der Verwirrung in dir; strebe nach Einheit,
aber suche sie nicht in der Einförmigkeit; strebe nach Ruhe,
aber durch das Gleichgewicht, nicht durch den Stillstand
deiner Thätigkeit. Jene Natur, die du dem Vernunftlosen
beneidest, ist keiner Achtung, keiner Sehnsucht werth. Sie
liegt hinter dir, sie muß ewig hinter dir liegen. Verlassen
von der Leiter, die dich trug, bleibt dir jetzt keine andere
Wahl mehr, als mit freyem Bewußtseyn und Willen das Gesetz zu ergreifen, oder rettungslos in eine bodenlose Tiefe
zu fallen.

Aber wenn du über das verlorene Glück der Natur
getröstet bist, so laß ihre Vollkommenheit deinem
Herzen zum Muster dienen. Trittst du heraus zu ihr aus
deinem künstlichen Kreis, steht sie vor dir in ihrer großen
Ruhe, in ihrer naiven Schönheit, in ihrer kindlichen Unschuld und Einfalt; dann verweile bey diesem Bilde, pflege
dieses Gefühl, es ist deiner herrlichsten Menschheit würdig.
Laß dir nicht mehr einfallen, mit ihr tauschen zu wollen, aber nimm sie in dich auf und strebe, ihren unendlichen Vorzug mit deinem eigenen unendlichen Prärogativ zu
vermählen, und aus beydem das Göttliche zu erzeugen.
Sie umgebe dich wie eine liebliche Idylle, in der du dich
selbst immer wiederfindest, aus den Verirrungen der Kunst,
bey der du Muth und neues Vertrauen sammelst zum Laufe

und die Flamme des Ideals, die in den Stürmen des Lebens so leicht erlischt, in deinem Herzen von neuem ent-
zündest.

Wenn man sich der schönen Natur erinnert, welche die
alten Griechen umgab, wenn man nachdenkt, wie ver-
traut dieses Volk unter seinem glücklichen Himmel mit der
freyen Natur leben konnte, wie sehr viel näher seine Vor-
stellungsart, seine Empfindungsweise, seine Sitten der einfältigen Natur lagen, und welch ein treuer Abdruck derselben seine Dichterwerke sind, so muß die Bemerkung
befremden, daß man so wenige Spuren von dem sentimentalischen Interesse, mit welchem wir Neuere an
Naturscenen und an Naturcharaktere hangen können, bey
demselben antrift. Der Grieche ist zwar im höchsten Grade
genau, treu, umständlich in Beschreibung derselben, aber
doch gerade nicht mehr und mit keinem vorzüglicheren
Herzensantheil, als er es auch in Beschreibung eines Anzu-
ges, eines Schildes, einer Rüstung, eines Hausgeräths oder
irgend eines mechanischen Produktes ist. Er scheint, in seiner Liebe für das Objekt, keinen Unterschied zwischen
demjenigen zu machen, was durch sich selbst und dem, was
durch die Kunst und durch den menschlichen Willen ist.
Die Natur scheint mehr seinen Verstand und seine Wißbe-
gierde, als sein moralisches Gefühl zu interessiren; er hängt
nicht mit Innigkeit, mit Empfindsamkeit, mit süsser Wehmuth an derselben, wie wir Neuern. Ja, indem er sie in ihren einzelnen Erscheinungen personifizirt und vergöttert,
und ihre Wirkungen als Handlungen freyer Wesen darstellt,
hebt er die ruhige Nothwendigkeit in ihr auf, durch welche
sie für uns gerade so anziehend ist. Seine ungeduldige
Phantasie führt ihn über sie hinweg zum Drama des
menschlichen Lebens. Nur das Lebendige und Freye, nur
Charaktere, Handlungen, Schicksale und Sitten befriedigen
ihn, und wenn wir in gewissen moralischen Stimmungen
des Gemüths wünschen können, den Vorzug unserer Wil-
lensfreyheit, der uns so vielem Streit mit uns selbst, so vie-

len Unruhen und Verirrungen aussetzt, gegen die wahllose aber ruhige Nothwendigkeit des Vernunftlosen hinzugeben, so ist, gerade umgekehrt, die Phantasie des Griechen geschäftig, die menschliche Natur schon in der unbeseelten Welt anzufangen, und da, wo eine blinde Nothwendigkeit herrscht, dem Willen Einfluß zu geben.

Woher wohl dieser verschiedene Geist? Wie kommt es, daß wir, die in allem was Natur ist, von den Alten so unendlich weit übertroffen werden, gerade hier der Natur in einem höheren Grade huldigen, mit Innigkeit an ihr hangen, und selbst die leblose Welt mit der wärmsten Empfindung umfassen können? D a h e r kommt es, weil die Natur bey uns aus der Menschheit verschwunden, und wir sie nur außerhalb dieser, in der unbeseelten Welt, in ihrer Wahrheit wieder antreffen. Nicht unsere größere N a t u r m ä ß i g k e i t , ganz im Gegentheil die N a t u r w i d r i g k e i t unsrer Verhältnisse, Zustände und Sitten treibt uns an, dem erwachenden Triebe nach Wahrheit und Simplicität, der, wie die moralische Anlage, aus welcher er fliesset, unbestechlich und unaustilgbar in allen menschlichen Herzen liegt, in der physischen Welt eine Befriedigung zu verschaffen, die in der moralischen nicht zu hoffen ist. Deßwegen ist das Gefühl, womit wir an der Natur hangen, dem Gefühle so nahe verwandt, womit wir das entflohene Alter der Kindheit und der kindischen Unschuld beklagen. Unsre Kindheit ist die einzige unverstümmelte Natur, die wir in der kultivirten Menschheit noch antreffen, daher es kein Wunder ist, wenn uns jede Fußstapfe der Natur außer uns auf unsre Kindheit zurückführt.

Sehr viel anders war es mit den alten Griechen*. Bey diesen artete die Kultur nicht so weit aus, daß die Natur darüber verlassen wurde. Der ganze Bau ihres gesellschaftli-

---

* Aber auch nur bey den Griechen; denn es gehörte gerade eine solche rege Bewegung und eine solche reiche Fülle des menschlichen Lebens dazu, als den Griechen umgab, um Leben auch in das Leblose zu legen, und das Bild der Menschheit mit diesem Eifer zu verfolgen. O s s i a n s Menschenwelt z. B. war

chen Lebens war auf Empfindungen, nicht auf einem
Machwerk der Kunst errichtet; ihre Götterlehre selbst war
die Eingebung eines naiven Gefühls, die Geburt einer fröhlichen Einbildungskraft, nicht der grübelnden Vernunft,
wie der Kirchenglaube der neuern Nationen; da also der
Grieche die Natur in der Menschheit nicht verloren hatte,
so konnte er, außerhalb dieser, auch nicht von ihr überrascht werden, und so kein dringendes Bedürfniß nach Gegenständen haben, in denen er sie wieder fand. Einig mit
sich selbst, und glücklich im Gefühl seiner Menschheit
mußte er bey dieser als seinem Maximum stille stehen, und
alles andre derselben zu nähern bemüht seyn; wenn w i r,
uneinig mit uns selbst, und unglücklich in unsern Erfahrungen von Menschheit, kein dringenderes Interesse haben,
als aus derselben herauszufliehen, und eine so mislungene
Form aus unsern Augen zu rücken.

Das Gefühl, von dem hier die Rede ist, ist also nicht das,
was die Alten hatten; es ist vielmehr einerley mit demjenigen, welches wir f ü r d i e A l t e n h a b e n. Sie empfanden
natürlich; wir empfinden das natürliche. Es war ohne Zweifel ein ganz anderes Gefühl, was Homers Seele füllte, als er
seinen göttlichen Sauhirt den Ulysses bewirthen ließ, als was
die Seele des jungen Werthers bewegte, da er nach einer lä-
stigen Gesellschaft diesen Gesang las. Unser Gefühl für Natur gleicht der Empfindung des Kranken für die Gesundheit.

So wie nach und nach die Natur anfieng, aus dem
menschlichen Leben als E r f a h r u n g und als das (han-

---

dürftig und einförmig; das Leblose um ihn her war groß, kolossalisch, mächtig,
drang sich also auf, und behauptete selbst über den Menschen seine Rechte. In
den Gesängen dieses Dichters tritt daher die leblose Natur (im Gegensatz gegen den Menschen) noch weit mehr, als Gegenstand der Empfindung hervor.
Indessen klagt auch schon Ossian über einen Verfall der Menschheit, und so
klein auch bey seinem Volke der Kreis der Kultur und ihrer Verderbnisse war,
so war die Erfahrung davon doch gerade lebhaft und eindringlich genug, um
den gefühlvollen moralischen Sänger zu dem Leblosen zurückzuscheuchen,
und über seine Gesänge jenen elegischen Ton auszugießen, der sie für uns so
rührend und anziehend macht.

delnde und empfindende) Subjekt zu verschwinden, so
sehen wir sie in der Dichterwelt als Idee und als Gegenstand aufgehen. Diejenige Nation, welche es zugleich in der Unnatur und in der Reflexion darüber am
weitesten gebracht hatte, mußte zuerst von dem Phänomen
des Naiven am stärksten gerührt werden, und demselben einen Nahmen geben. Diese Nation waren, so viel ich
weiß, die Franzosen. Aber die Empfindung des Naiven
und das Interesse an demselben ist natürlicherweise viel äl-
ter, und datirt sich schon von dem Anfang der moralischen
und ästhetischen Verderbniß. Diese Veränderung in der
Empfindungsweise ist zum Beyspiel schon äusserst auffal-
lend im Euripides, wenn man diesen mit seinen Vor-
gängern, besonders dem Äschylus vergleicht, und doch war
jener Dichter der Günstling seiner Zeit. Die nehmliche Revolution läßt sich auch unter den alten Historikern
nachweisen. Horatz, der Dichter eines kultivirten und
verdorbenen Weltalters preist die ruhige Glückseligkeit in
seinem Tibur, und ihn könnte man als den wahren Stifter
dieser sentimentalischen Dichtungsart nennen, so wie er
auch in derselben ein noch nicht übertroffenes Muster ist.
Auch im Properz, Virgil u. a. findet man Spuren dieser Empfindungsweise, weniger beym Ovid, dem es dazu an Fülle des Herzens fehlte, und der in seinem Exil zu
Tomi die Glückseligkeit schmerzlich vermißt, die Horaz in
seinem Tibur so gern entbehrte.

Die Dichter sind überall, schon ihrem Begriffe nach, die
Bewahrer der Natur. Wo sie dieses nicht ganz mehr seyn
können, und schon in sich selbst den zerstörenden Einfluß
willkührlicher und künstlicher Formen erfahren oder doch
mit demselben zu kämpfen gehabt haben, da werden sie als
die Zeugen, und als die Rächer der Natur auftreten.
Sie werden entweder Natur seyn, oder sie werden die
verlorene suchen. Daraus entspringen zwey ganz verschiedene Dichtungsweisen, durch welche das ganze Gebiet
der Poesie erschöpft und ausgemessen wird. Alle Dichter,

die es wirklich sind, werden, je nachdem die Zeit beschaf-
fen ist, in der sie blühen, oder zufällige Umstände auf ihre
allgemeine Bildung und auf ihre vorübergehende Gemüths-
stimmung Einfluß haben, entweder zu den naiven oder
zu den sentimentalischen gehören.

Der Dichter einer naiven und geistreichen Jugendwelt, so
wie derjenige, der in den Zeitaltern künstlicher Kultur ihm
am nächsten kommt, ist streng und spröde, wie die jung-
fräuliche Diana in ihren Wäldern, ohne alle Vertraulich-
keit entflieht er dem Herzen, das ihn sucht, dem Verlangen,
das ihn umfassen will. Die trockene Wahrheit, womit er
den Gegenstand behandelt, erscheint nicht selten als Unempfindlichkeit. Das Objekt besitzt ihn gänzlich, sein Herz
liegt nicht wie ein schlechtes Metall gleich unter der Ober-
fläche, sondern will wie das Gold in der Tiefe gesucht seyn.
Wie die Gottheit hinter dem Weltgebäude, so steht er hinter seinem Werk; Er ist das Werk und das Werk ist Er; man
muß des erstern schon nicht werth oder nicht mächtig oder
schon satt seyn, um nach Ihm nur zu fragen.

So zeigt sich z. B. Homer unter den Alten und
Shakespeare unter den Neuern; zwey höchst verschiedene, durch den unermeßlichen Abstand der Zeitalter ge-
trennte Naturen, aber gerade in diesem Charakterzuge völlig eins. Als ich in einem sehr frühen Alter den letztern
Dichter zuerst kennen lernte, empörte mich seine Kälte,
seine Unempfindlichkeit, die ihm erlaubte, im höchsten Pathos zu scherzen, die herzzerschneidenden Auftritte im
Hamlet, im König Lear, im Makbeth u. s. f. durch
einen Narren zu stören, die ihn bald da festhielt, wo meine
Empfindung forteilte, bald da kaltherzig fortriß, wo das
Herz so gern stillgestanden wäre. Durch die Bekanntschaft
mit neuern Poeten verleitet, in dem Werke den Dichter zuerst aufzusuchen, seinem Herzen zu begegnen, mit
ihm gemeinschaftlich über seinen Gegenstand zu reflektiren; kurz das Objekt in dem Subjekt anzuschauen, war es
mir unerträglich, daß der Poet sich hier gar nirgends fassen

ließ und mir nirgends Rede stehen wollte. Mehrere Jahre hatte er schon meine ganze Verehrung und war mein Studium, ehe ich sein Individuum lieb gewinnen lernte. Ich war noch nicht fähig, die Natur aus der ersten Hand zu verstehen. Nur ihr durch den Verstand reflektirtes und durch die Regel zurecht gelegtes Bild konnte ich ertragen, und dazu waren die sentimentalischen Dichter der Franzosen und auch der Deutschen, von den Jahren 1750 bis etwa 1780, gerade die rechten Subjekte. Übrigens schäme ich mich dieses Kinderurtheils nicht, da die bejahrte Kritik ein ähnliches fällte, und naiv genug war, es in die Welt hineinzuschreiben.

Dasselbe ist mir auch mit dem Homer begegnet, den ich in einer noch spätern Periode kennen lernte. Ich erinnere mich jetzt der merkwürdigen Stelle im sechsten Buch der Ilias, wo Glaukus und Diomed im Gefecht auf einander stoßen, und nachdem sie sich als Gastfreunde erkannt, einander Geschenke geben. Diesem rührenden Gemählde der Pietät, mit der die Gesetze des Gastrechts selbst im Kriege beobachtet wurden, kann eine Schilderung des ritterlichen Edelmuths im Ariost an die Seite gestellt werden, wo zwey Ritter und Nebenbuler, Ferrau und Rinald, dieser ein Christ, jener ein Saracene, nach einem heftigen Kampf und mit Wunden bedeckt, Friede machen, und um die flüchtige Angelika einzuholen, das nehmliche Pferd besteigen. Beyde Beyspiele, so verschieden sie übrigens seyn mögen, kommen einander in der Wirkung auf unser Herz beynahe gleich, weil beyde den schönen Sieg der Sitten über die Leidenschaft mahlen, und uns durch Naivetät der Gesinnungen rühren. Aber wie ganz verschieden nehmen sich die Dichter bey Beschreibung dieser ähnlichen Handlung. Ariost, der Bürger einer späteren und von der Einfalt der Sitten abgekommenen Welt kann bey der Erzählung dieses Vorfalls, seine eigene Verwunderung, seine Rührung nicht verbergen. Das Gefühl des Abstandes jener Sitten von denjenigen, die Sein Zeitalter charakterisi-

ren, überwältigt ihn. Er verläßt auf einmal das Gemählde
des Gegenstandes und erscheint in eigener Person: Man
kennt die schöne Stanze und hat sie immer vorzüglich bewundert:

> O Edelmuth der alten Rittersitten!
> Die Nebenbuler waren, die entzweyt
> Im Glauben waren, bittern Schmerz noch litten
> Am ganzen Leib vom feindlich wilden Streit,
> Frey von Verdacht und in Gemeinschaft ritten
> Sie durch des krummen Pfades Dunkelheit.
> Das Roß, getrieben von vier Sporen, eilte
> Bis wo der Weg sich in zwey Straßen theilte*.

Und nun der alte Homer! Kaum erfährt Diomed aus Glaukus seines Gegners Erzählung, daß dieser von Väterzeiten
her ein Gastfreund seines Geschlechts ist, so steckt er die
Lanze in die Erde, redet freundlich mit ihm, und macht mit
ihm aus, daß sie einander im Gefechte künftig ausweichen
wollen. Doch man höre den Homer selbst:

> »Also bin ich nunmehr dein Gastfreund mitten in Argos,
> Du in Lykia mir, wenn jenes Land ich besuche.
> Drum mit unseren Lanzen vermeiden wir uns im
>   Getümmel.
> Viel ja sind der Troer mir selbst und der rühmlichen Helfer,
> Daß ich töde, wen Gott mir gewährt, und die Schenkel
>   erreichen;
> Viel auch dir der Achaier, daß, welchen du kannst, du
>   erlegest.
> Aber die Rüstungen beide vertauschen wir, daß auch die
>   andern
> Schaun, wie wir Gäste zu seyn aus Väterzeiten uns rühmen.
> Also redeten jene, herab von den Wagen sich schwingend
> Faßten sie beide einander die Händ und gelobten sich
>   Freundschaft.«

---

* Der rasende Roland. Erster Gesang. Stanze 22.

Schwerlich dürfte ein m o d e r n e r Dichter (wenigstens schwerlich einer, der es in der moralischen Bedeutung dieses Worts ist) auch nur bis hieher gewartet haben, um seine Freude an dieser Handlung zu bezeugen. Wir würden es ihm um so leichter verzeihen, da auch unser Herz beym Lesen einen Stillstand macht, und sich von dem Objekte gern entfernt, um in sich selbst zu schauen. Aber von allem diesem keine Spur im Homer; als ob er etwas alltägliches berichtet hätte, ja als ob er selbst kein Herz im Busen trüge, fährt er in seiner trockenen Wahrhaftigkeit fort:

> »Doch den Glaukus erregete Zevs, daß er ohne
> Besinnung
> Gegen den Held Diomedes die Rüstungen, goldne mit
> ehrnen
> Wechselte, hundert Farren werth, neun Farren die
> andern«*.

Dichter von dieser naiven Gattung sind in einem künstlichen Weltalter nicht so recht mehr an ihrer Stelle. Auch sind sie in demselben kaum mehr möglich, wenigstens auf keine andere Weise möglich als daß sie in ihrem Zeitalter w i l d l a u f e n, und durch ein günstiges Geschick vor dem verstümmelnden Einfluß desselben geborgen werden. Aus der Societät selbst können sie nie und nimmer hervorgehen; aber außerhalb derselben erscheinen sie noch zuweilen, doch mehr als Fremdlinge, die man anstaunt, und als ungezogene Söhne der Natur, an denen man sich ärgert. So wohlthätige Erscheinungen sie für den Künstler sind, der sie studirt, und für den ächten Kenner, der sie zu würdigen versteht, so wenig Glück machen sie im Ganzen und bey ihrem Jahrhundert. Das Siegel des Herrschers ruht auf ihrer Stirne; wir hingegen wollen von den Musen gewiegt und getragen werden. Von den Kritikern, den eigentlichen Zaunhütern des Geschmacks, werden sie als G r e n z s t ö-

---

* Ilias. Voßische Uebersetzung. I. Band. Seite 153.

r e r gehaßt, die man lieber unterdrücken möchte; denn
selbst Homer dürfte es bloß der Kraft eines mehr als tau-
sendjährigen Zeugnisses zu verdanken haben, daß ihn diese
Geschmacksrichter gelten lassen; auch wird es ihnen sauer
genug, ihre Regeln gegen sein Beyspiel, und sein Ansehen
gegen ihre Regeln zu behaupten.

Der Dichter, sagte ich, i s t entweder Natur, oder er
wird sie s u c h e n. Jenes macht den naiven, dieses den sentimentalischen Dichter.

Der dichterische Geist ist unsterblich und unverlierbar in
der Menschheit; er kann nicht anders als zugleich mit derselben und mit der Anlage zu ihr sich verlieren. Denn entfernt sich gleich der Mensch durch die Freyheit seiner
Phantasie und seines Verstandes von der Einfalt, Wahrheit
und Nothwendigkeit der Natur, so steht ihm doch nicht
nur der Pfad zu derselben immer offen, sondern ein mächtiger und unvertilgbarer Trieb, der moralische, treibt ihn
auch unaufhörlich zu ihr zurück, und eben mit diesem
Triebe steht das Dichtungsvermögen in der engsten Verwandtschaft. Dieses verliert sich also nicht auch zugleich
mit der natürlichen Einfalt, sondern wirkt nur nach einer
andern Richtung.

Auch jetzt ist die Natur noch die einzige Flamme, an der
sich der Dichtergeist nähret, aus ihr allein schöpft er seine
ganze Macht, zu ihr allein spricht er auch in dem künstlichen, in der Kultur begriffenen Menschen. Jede andere Art
zu wirken, ist dem poetischen Geiste fremd; daher, beiläu-
fig zu sagen, alle sogenannten Werke des Witzes ganz mit
Unrecht poetisch heißen, ob wir sie gleich lange Zeit, durch
das Ansehen der französischen Litteratur verleitet, damit
vermenget haben. Die Natur, sage ich, ist es auch noch
jetzt, in dem künstlichen Zustande der Kultur, wodurch
der Dichtergeist mächtig ist, nur steht er jetzt in einem
ganz andern Verhältniß zu derselben.

So lange der Mensch noch reine, es versteht sich, nicht
rohe Natur ist, wirkt er als ungetheilte sinnliche Einheit,

und als ein harmonirendes Ganze. Sinne und Vernunft,
empfangendes und selbstthätiges Vermögen, haben sich in
ihrem Geschäfte noch nicht getrennt, vielweniger stehen sie
im Widerspruch miteinander. Seine Empfindungen sind
nicht das formlose Spiel des Zufalls, seine Gedanken nicht   5
das gehaltlose Spiel der Vorstellungskraft; aus dem Gesetz
der Nothwendigkeit gehen jene, aus der Wirklichkeit gehen diese hervor. Ist der Mensch in den Stand
der Kultur getreten, und hat die Kunst ihre Hand an ihn
gelegt, so ist jene sinnliche Harmonie in ihm aufgeho-   10
ben, und er kann nur noch als moralische Einheit, d. h.
als nach Einheit strebend, sich äußern. Die Übereinstimmung zwischen seinem Empfinden und Denken, die in dem
ersten Zustande wirklich statt fand, existirt jetzt bloß
idealisch; sie ist nicht mehr in ihm, sondern außer ihm;   15
als ein Gedanke, der erst realisirt werden soll, nicht mehr
als Thatsache seines Lebens. Wendet man nun den Begriff
der Poesie, der kein andrer ist, als der Menschheit
ihren möglichst vollständigen Ausdruck zu
geben, auf jene beyden Zustände an, so ergiebt sich, daß   20
dort in dem Zustande natürlicher Einfalt, wo der Mensch
noch, mit allen seinen Kräften zugleich, als harmonische
Einheit wirkt, wo mithin das Ganze seiner Natur sich in
der Wirklichkeit vollständig ausdrückt, die möglichst voll-
ständige Nachahmung des Wirklichen – daß hin-   25
gegen hier in dem Zustande der Kultur, wo jenes harmonische Zusammenwirken seiner ganzen Natur bloß eine Idee
ist, die Erhebung der Wirklichkeit zum Ideal oder, was auf
eins hinausläuft, die Darstellung des Ideals den
Dichter machen muß. Und dieß sind auch die zwey   30
einzig möglichen Arten, wie sich überhaupt der poetische
Genius äußern kann. Sie sind, wie man sieht, äußerst von
einander verschieden, aber es giebt einen höhern Begriff,
der sie beyde unter sich faßt, und es darf gar nicht befremden, wenn dieser Begriff mit der Idee der Menschheit in   35
eins zusammentrifft.

Es ist hier der Ort nicht, diesen Gedanken, den nur eine eigene Ausführung in sein volles Licht setzen kann, weiter zu verfolgen. Wer aber nur irgend, dem Geiste nach, und nicht bloß nach zufälligen Formen eine Vergleichung zwischen alten und modernen Dichtern* anzustellen versteht, wird sich leicht von der Wahrheit desselben überzeugen können. Jene rühren uns durch Natur, durch sinnliche Wahrheit, durch lebendige Gegenwart; diese rühren uns durch Ideen.

Dieser Weg, den die neueren Dichter gehen, ist übrigens derselbe, den der Mensch überhaupt sowohl im Einzelnen als im Ganzen einschlagen muß. Die Natur macht ihn mit sich Eins, die Kunst trennt und entzweyet ihn, durch das Ideal kehrt er zur Einheit zurück. Weil aber das Ideal ein unendliches ist, das er niemals erreicht, so kann der kultivirte Mensch in s e i n e r Art niemals vollkommen werden, wie doch der natürliche Mensch es in der seinigen zu werden vermag. Er müßte also dem letztern an Vollkommenheit unendlich nachstehen, wenn bloß auf das Verhältniß, in welchem beide zu ihrer Art und zu ihrem Maximum stehen, geachtet wird. Vergleicht man hingegen die Arten selbst mit einander, so zeigt sich, daß das Ziel, zu welchem der Mensch durch K u l t u r s t r e b t, demjenigen, welches er durch Natur e r r e i c h t, unendlich vorzuziehen ist. Der eine erhält also seinen Werth durch absolute Erreichung einer endlichen, der andre erlangt ihn durch Annäherung zu einer unendlichen Größe. Weil aber nur die letztere G r a d e und einen F o r t s c h r i t t hat, so ist der rela-

---

* Es ist vielleicht nicht überflüssig zu erinnern, daß, wenn hier die neuen Dichter den alten entgegengesetzt werden, nicht sowohl der Unterschied der Zeit, als der Unterschied der Manier zu verstehen ist. Wir haben auch in neuern ja sogar in neuesten Zeiten naive Dichtungen in allen Klassen wenn gleich nicht mehr ganz reiner Art, und unter den alten lateinischen ja selbst griechischen Dichtern fehlt es nicht an sentimentalischen. Nicht nur in demselben Dichter, auch in demselben Werke trifft man häufig beyde Gattungen vereinigt an; wie z. B. in W e r t h e r s L e i d e n, und dergleichen Produkte werden immer den größern Effekt machen.

tive Werth des Menschen, der in der Kultur begriffen ist,
im Ganzen genommen, niemals bestimmbar, obgleich derselbe im einzelnen betrachtet, sich in einem nothwendigen
Nachtheil gegen denjenigen befindet, in welchem die Natur
in ihrer ganzen Vollkommenheit wirkt. Insofern aber das
letzte Ziel der Menschheit nicht anders als durch jene Fort-
schreitung zu erreichen ist, und der letztere nicht anders
fortschreiten kann, als indem er sich kultivirt und folglich
in den erstern übergeht, so ist keine Frage, welchem von
beyden in Rücksicht auf jenes letzte Ziel der Vorzug ge-
bühre.

Dasselbe, was hier von den zwey verschiedenen Formen
der Menschheit gesagt wird, läßt sich auch auf jene beyden,
ihnen entsprechenden, Dichterformen anwenden.

Man hätte deßwegen alte und moderne – naive und sentimentalische – Dichter entweder gar nicht, oder nur unter
einem gemeinschaftlichen höhern Begriff (einen solchen
giebt es wirklich) mit einander vergleichen sollen. Denn
freylich, wenn man den Gattungsbegriff der Poesie zuvor
einseitig aus den alten Poeten abstrahirt hat, so ist nichts
leichter, aber auch nichts trivialer, als die modernen gegen
sie herabzusetzen. Wenn man nur das Poesie nennt, was zu
allen Zeiten auf die einfältige Natur gleichförmig wirkte, so
kann es nicht anders seyn, als daß man den neuern Poeten
gerade in ihrer eigensten und erhabensten Schönheit den
Nahmen der Dichter wird streitig machen müssen, weil sie
gerade hier nur zu dem Zögling der Kunst sprechen, und
der einfältigen Natur nichts zu sagen haben*. Wessen Gemüth nicht schon zubereitet ist, über die Wirklichkeit hin-

---

* Moliere als naiver Dichter durfte es allenfalls auf den Ausspruch seiner
Magd ankommen lassen, was in seinen Comödien stehen bleiben und wegfallen
sollte; auch wäre zu wünschen gewesen, daß die Meister des französischen
Kothurns mit ihren Trauerspielen zuweilen diese Probe gemacht hätten. Aber
ich wollte nicht rathen, daß mit den Klopstockischen Oden, mit den schönsten
Stellen im Messias, im verlorenen Paradies, in Nathan dem Weisen, und vielen
andern Stücken eine ähnliche Probe angestellt würde. Doch was sage ich? diese

aus ins Ideenreich zu gehen, für den wird der reichste Gehalt leerer Schein und der höchste Dichterschwung Überspannung seyn. Keinem Vernünftigen kann es einfallen, in
demjenigen, worinn Homer groß ist, irgend einen Neuern
ihm an die Seite stellen zu wollen, und es klingt lächerlich
genug, wenn man einen Milton oder Klopstock mit dem
Nahmen eines neuern Homer beehrt sieht. Eben so wenig
aber wird irgend ein alter Dichter und am wenigsten Homer in demjenigen, was den modernen Dichter charakteri-
stisch auszeichnet, die Vergleichung mit demselben aushal-
ten können. Jener, möchte ich es ausdrücken, ist mächtig
durch die Kunst der Begrenzung; dieser ist es durch die
Kunst des Unendlichen.

Und eben daraus, daß die Stärke des alten Künstlers
(denn was hier von dem Dichter gesagt worden, kann unter
den Einschränkungen, die sich von selbst ergeben, auch auf
den schönen Künstler überhaupt ausgedehnt werden) in
der Begrenzung bestehet, erklärt sich der hohe Vorzug, den
die bildende Kunst des Alterthums über die der neueren
Zeit behauptet, und überhaupt das ungleiche Verhältniß des
Werths, in welchem moderne Dichtkunst und moderne bildende Kunst zu beyden Kunstgattungen im Alterthum stehen. Ein Werk für das Auge findet nur in der Begrenzung
seine Vollkommenheit; ein Werk für die Einbildungskraft
kann sie auch durch das Unbegrenzte erreichen. In plasti-
schen Werken hilft daher dem Neuern seine Überlegenheit
in Ideen wenig; hier ist er genöthigt, das Bild seiner Einbildungskraft auf das genaueste im Raum zu bestim-
men, und sich folglich mit dem alten Künstler gerade in
derjenigen Eigenschaft zu messen, worinn dieser seinen un-
abstreitbaren Vorzug hat. In poetischen Werken ist es an-

Probe ist wirklich angestellt, und die Molierische Magd raisonnirt ja lan-
ges und breites in unsern kritischen Bibliotheken, philosophischen und literarischen Annalen und Reisebeschreibungen über Poesie, Kunst und dergleichen,
nur, wie billig, auf deutschem Boden ein wenig abgeschmackter als auf französischem, und wie es sich für die Gesindestube der deutschen Litteratur geziemt.

ders, und siegen gleich die alten Dichter auch hier in der
Einfalt der Formen und in dem, was sinnlich darstellbar
und k ö r p e r l i c h ist, so kann der neuere sie wieder im
Reichthum des Stoffes, in dem, was undarstellbar und un-
aussprechlich ist, kurz, in dem, was man in Kunstwerken
G e i s t nennt, hinter sich lassen.

Da der naive Dichter bloß der einfachen Natur und
Empfindung folgt, und sich bloß auf Nachahmung der
Wirklichkeit beschränkt, so kann er zu seinem Gegenstand
auch nur ein einziges Verhältniß haben, und es giebt, in
d i e s e r Rücksicht, für ihn keine Wahl der Behandlung.
Der verschiedene Eindruck naiver Dichtungen beruht,
(vorausgesetzt, daß man alles hinweg denkt, was daran dem
Inhalt gehört und jenen Eindruck nur als das reine Werk
der poetischen Behandlung betrachtet) beruht, sage ich,
bloß auf dem verschiedenen G r a d einer und derselben
Empfindungsweise; selbst die Verschiedenheit in den äußern Formen kann in der Qualität jenes ästhetischen Ein-
drucks keine Veränderung machen. Die Form sey lyrisch
oder episch, dramatisch oder beschreibend; wir können
wohl schwächer und stärker, aber (sobald von dem Stoff
abstrahirt wird) nie verschiedenartig gerührt werden. Unser
Gefühl ist durchgängig dasselbe, ganz aus Einem Element,
so daß wir nichts darinn zu unterscheiden vermögen. Selbst
der Unterschied der Sprachen und Zeitalter ändert hier
nichts, denn eben diese reine Einheit ihres Ursprungs und
ihres Effects ist ein Charakter der naiven Dichtung.

Ganz anders verhält es sich mit dem sentimentalischen
Dichter. Dieser r e f l e k t i r t über den Eindruck, den die
Gegenstände auf ihn machen und nur auf jene Reflexion ist
die Rührung gegründet, in die er selbst versetzt wird, und
uns versetzt. Der Gegenstand wird hier auf eine Idee bezo-
gen, und nur auf dieser Beziehung beruht seine dichterische
Kraft. Der sentimentalische Dichter hat es daher immer mit
zwey streitenden Vorstellungen und Empfindungen, mit
der Wirklichkeit als Grenze und mit seiner Idee als dem

Unendlichen zu thun, und das gemischte Gefühl, das er erregt, wird immer von dieser doppelten Quelle zeugen*. Da also hier eine Mehrheit der Principien statt findet, so kommt es darauf an, welches von beyden in der Empfindung des Dichters und in seiner Darstellung überwiegen wird, und es ist folglich eine Verschiedenheit in der Behandlung möglich. Denn nun entsteht die Frage, ob er mehr bey der Wirklichkeit, ob er mehr bey dem Ideale verweilen – ob er jene als einen Gegenstand der Abneigung, ob er dieses als einen Gegenstand der Zuneigung ausführen will. Seine Darstellung wird also entweder satyrisch oder sie wird (in einer weitern Bedeutung dieses Worts, die sich nachher erklären wird) elegisch seyn; an eine von diesen beyden Empfindungsarten wird jeder sentimentalische Dichter sich halten.

Satyrisch ist der Dichter, wenn er die Entfernung von der Natur und den Widerspruch der Wirklichkeit mit dem Ideale (in der Wirkung auf das Gemüth kommt beydes auf eins hinaus) zu seinem Gegenstande macht. Dieß kann er aber sowohl ernsthaft und mit Affekt, als scherzhaft und mit Heiterkeit ausführen; je nachdem er entweder im Gebiethe des Willens oder im Gebiethe des Verstandes verweilt. Jenes geschieht durch die strafende, oder pathetische, dieses durch die scherzhafte Satyre.

Streng genommen verträgt zwar der Zweck des Dichters weder den Ton der Strafe noch den der Belustigung. Jener

---

* Wer bey sich auf den Eindruck merkt, den naive Dichtungen auf ihn machen, und den Antheil, der dem Inhalt daran gebührt, davon abzusondern im Stand ist, der wird diesen Eindruck, auch selbst bey sehr pathetischen Gegenständen, immer fröhlich, immer rein, immer ruhig finden; bey sentimentalischen wird er immer etwas ernst und anspannend seyn. Das macht, weil wir uns bey naiven Darstellungen, sie handeln auch wovon sie wollen, immer über die Wahrheit, über die lebendige Gegenwart des Objekts in unserer Einbildungskraft erfreuen, und auch weiter nichts als diese suchen, bey sentimentalischen hingegen die Vorstellung der Einbildungskraft mit einer Vernunftidee zu vereinigen haben, und also immer zwischen zwey verschiedenen Zuständen in Schwanken gerathen.

ist zu ernst für das Spiel, was die Poesie immer seyn soll;
dieser ist zu frivol für den Ernst, der allem poetischen Spiele zum Grund liegen soll. Moralische Widersprüche interessiren nothwendig unser Herz, und rauben also dem Gemüth seine Freyheit; und doch soll aus poetischen Rührun-
gen alles eigentliche Interesse, d. h. alle Beziehung auf ein
Bedürfniß verbannt seyn. Verstandes-Widersprüche hingegen lassen das Herz gleichgültig, und doch hat es der Dichter mit dem höchsten Anliegen des Herzens, mit der Natur
und dem Ideal, zu thun. Es ist daher keine geringe Aufgabe
für ihn, in der pathetischen Satyre nicht die poetische Form
zu verletzen, welche in der Freyheit des Spiels besteht, in
der scherzhaften Satyre nicht den poetischen Gehalt zu
verfehlen, welcher immer das Unendliche seyn muß. Diese
Aufgabe kann nur auf eine einzige Art gelöset werden. Die
strafende Satyre erlangt poetische Freyheit, indem sie ins
Erhabene übergeht, die lachende Satyre erhält poetischen
Gehalt, indem sie ihren Gegenstand mit Schönheit behandelt.

In der Satyre wird die Wirklichkeit als Mangel, dem Ideal
als der höchsten Realität gegenüber gestellt. Es ist übrigens
gar nicht nöthig, daß das letztere ausgesprochen werde,
wenn der Dichter es nur im Gemüth zu erwecken weiß;
dieß muß er aber schlechterdings, oder er wird gar nicht
poetisch wirken. Die Wirklichkeit ist also hier ein nothwendiges Objekt der Abneigung, aber worauf hier alles an-
kömmt, diese Abneigung selbst muß wieder nothwendig
aus dem entgegenstehenden Ideale entspringen. Sie könnte
nehmlich auch eine bloß sinnliche Quelle haben und lediglich in Bedürfniß gegründet seyn, mit welchem die Wirklichkeit streitet; und häufig genug glauben wir einen moralischen Unwillen über die Welt zu empfinden, wenn uns
bloß der Widerstreit derselben mit unserer Neigung erbit-
tert. Dieses materielle Interesse ist es, was der gemeine Sa-
tyriker ins Spiel bringt, und weil es ihm auf diesem Wege
gar nicht fehl schlägt, uns in Affekt zu versetzen, so glaubt

er unser Herz in seiner Gewalt zu haben und im pathetischen Meister zu seyn. Aber jedes Pathos aus dieser Quelle
ist der Dichtkunst unwürdig, die uns nur durch Ideen rühren und nur durch die Vernunft zu unserm Herzen den
Weg nehmen darf. Auch wird sich dieses unreine und materielle Pathos jederzeit durch ein Übergewicht des Leidens
und durch eine peinliche Befangenheit des Gemüths offenbaren, da im Gegentheil das wahrhaft poetische Pathos an
einem Übergewicht der Selbstthätigkeit und an einer, auch
im Affekte noch bestehenden Gemüthsfreyheit zu erkennen ist. Entspringt nehmlich die Rührung aus dem, der
Wirklichkeit gegenüberstehenden Ideale, so verliert sich in
der Erhabenheit des letztern jedes einengende Gefühl und
die Größe der Idee, von der wir erfüllt sind, erhebt uns
über alle Schranken der Erfahrung. Bey der Darstellung
empörender Wirklichkeit kommt daher alles darauf an, daß
das Nothwendige der Grund sey, auf welchem der Dichter
oder der Erzähler das Wirkliche aufträgt, daß er unser Gemüth für Ideen zu stimmen wisse. Stehen w i r nur hoch in
der Beurtheilung, so hat es nichts zu sagen, wenn auch der
Gegenstand tief und niedrig, unter uns zurückbleibt. Wenn
uns der Geschichtschreiber T a c i t u s den tiefen Verfall
der Römer des ersten Jahrhunderts schildert, so ist es ein
hoher Geist, der auf das Niedrige herabblickt, und unsere
Stimmung ist wahrhaft poetisch, weil nur die Höhe, worauf
er selbst steht und zu der er uns zu erheben wußte, seinen
Gegenstand niedrig machte.

Die pathetische Satyre muß also jederzeit aus einem Gemüthe fliessen, welches von dem Ideale lebhaft durchdrun-
gen ist. Nur ein herrschender Trieb nach Übereinstimmung
kann und darf jenes tiefe Gefühl moralischer Widersprüche
und jenen glühenden Unwillen gegen moralische Verkehrtheit erzeugen, welcher in einem Juvenal, Swift, Rousseau,
Haller und andern zur Begeisterung wird. Die nehmlichen
Dichter würden und müßten mit demselben Glück auch in
den rührenden und zärtlichen Gattungen gedichtet haben,

wenn nicht zufällige Ursachen ihrem Gemüth frühe diese
bestimmte Richtung gegeben hätten; auch haben sie es zum
Theil wirklich gethan. Alle die hier genannten lebten entweder in einem ausgearteten Zeitalter und hatten eine
schauderhafte Erfahrung moralischer Verderbniß vor Augen, oder eigene Schicksale hatten Bitterkeit in ihre Seele
gestreut. Auch der philosophische Geist, da er mit uner-
bittlicher Strenge den Schein von dem Wesen trennt, und in
die Tiefen der Dinge dringet, neigt das Gemüth zu dieser
Härte und Austerität, mit welcher Rousseau, Haller und
andre die Wirklichkeit mahlen. Aber diese äussern und zufälligen Einflüsse, welche immer einschränkend wirken,
dürfen höchstens nur die Richtung bestimmen, niemals den
Inhalt der Begeisterung hergeben. Dieser muß in allen derselbe seyn, und, rein von jedem äußern Bedürfniß, aus einem glühenden Triebe für das Ideal hervorfließen, welcher
durchaus der einzig wahre Beruf zu dem satyrischen wie
überhaupt zu dem sentimentalischen Dichter ist.

Wenn die pathetische Satyre nur e r h a b e n e Seelen
kleidet, so kann die spottende Satyre nur einem s c h ö -
n e n Herzen gelingen. Denn jene ist schon durch ihren
ernsten Gegenstand vor der Frivolität gesichert; aber diese,
die nur einen moralisch gleichgültigen Stoff behandeln
darf, würde unvermeidlich darein verfallen, und jede poetische Würde verlieren, wenn hier nicht die Behandlung den
Inhalt veredelte und das S u b j e k t des Dichters nicht
sein Objekt verträte. Aber nur dem schönen Herzen ist es
verliehen, unabhängig von dem Gegenstand seines Wirkens, in jeder seiner Äußerungen ein vollendetes Bild von
sich selbst abzuprägen. Der erhabene Charakter kann sich
nur in einzelnen Siegen über den Widerstand der Sinne,
nur in gewissen Momenten des Schwunges und einer
augenblicklichen Anstrengung kund thun; in der schönen
Seele hingegen wirkt das Ideal als Natur, also gleichförmig,
und kann mithin auch in einem Zustand der Ruhe sich zeigen. Das tiefe Meer erscheint am erhabensten in seiner Be-

wegung, der klare Bach am schönsten in seinem ruhigen Lauf.

Es ist mehrmals darüber gestritten worden, welche von beyden, die Tragödie oder die Comödie vor der andern den Rang verdiene. Wird damit bloß gefragt, welche von beyden das wichtigere Objekt behandle, so ist kein Zweifel, daß die erstere den Vorzug behauptet; will man aber wissen, welche von beyden das wichtigere Subjekt erfodre, so möchte der Ausspruch eher für die letztere ausfallen. – In der Tragödie geschieht schon durch den Gegenstand sehr viel, in der Comödie geschieht durch den Gegenstand nichts und alles durch den Dichter. Da nun bey Urtheilen des Geschmacks der Stoff nie in Betrachtung kommt, so muß natürlicherweise der ästhetische Werth dieser beyden Kunstgattungen in umgekehrtem Verhältniß zu ihrer materiellen Wichtigkeit stehen. Den tragischen Dichter trägt sein Objekt, der komische hingegen muß durch sein Subjekt das seinige in der ästhetischen Höhe erhalten. Jener darf einen Schwung nehmen, wozu soviel eben nicht gehöret; der andre muß sich gleich bleiben, er muß also schon dort seyn und dort zu Hause seyn, wohin der andre nicht ohne einen Anlauf gelangt. Und gerade das ist es, worinn sich der schöne Charakter von dem erhabenen unterscheidet. In dem ersten ist jede Größe schon enthalten, sie fließt ungezwungen und mühelos aus seiner Natur, er ist, dem Vermögen nach, ein Unendliches in jedem Punkte seiner Bahn; der andere kann sich zu jeder Größe anspannen und erheben, er kann durch die Kraft seines Willens aus jedem Zustande der Beschränkung sich reißen. Dieser ist also nur ruckweise und nur mit Anstrengung frey, jener ist es mit Leichtigkeit und immer.

Diese Freyheit des Gemüths in uns hervorzubringen und zu nähren, ist die schöne Aufgabe der Comödie, so wie die Tragödie bestimmt ist, die Gemüthsfreyheit, wenn sie durch einen Affekt gewaltsam aufgehoben worden, auf ästhetischem Weg wieder herstellen zu helfen. In der Tragödie muß daher die Gemüthsfreyheit künstlicherweise und als Experiment aufgehoben werden; weil sie in Herstellung derselben ihre poetische Kraft beweißt; in der Comödie hingegen muß verhütet werden, daß es niemals zu jener Aufhebung der Gemüthsfreyheit komme. Daher behandelt der Tragödiendichter seinen Gegenstand immer praktisch, der Comödiendichter den seinigen immer theoretisch; auch wenn jener (wie Lessing in seinem Nathan) die Grille hätte, einen theoretischen, dieser, einen praktischen Stoff zu bearbeiten. Nicht das Gebieth, aus welchem der Gegenstand genommen, sondern das Forum, vor welches der Dichter ihn bringt, macht denselben tragisch oder komisch. Der Tragiker muß sich vor dem ruhigen Raisonnement in Acht nehmen und immer das Herz interessiren, der Comiker muß sich vor dem Pathos hüten und immer den Verstand unterhalten. Jener zeigt also durch beständige Erregung, dieser durch beständige Abwehrung der Leidenschaft seine Kunst; und diese Kunst ist natürlich auf beyden Seiten um so grösser, je mehr der Gegenstand des Einen abstrakter Natur ist, und der des Andern sich zum pathetischen neigt*. Wenn also die Tragödie von einem wichtigern Punkt ausgeht, so muß man auf der andern Seite gestehen, daß die Comödie einem wichtigern Ziel entgegengeht, und sie würde, wenn sie es erreichte, alle Tragödie überflüssig und unmöglich machen. Ihr Ziel ist einerley mit dem höchsten, wornach der Mensch zu ringen hat, frey von Leidenschaft zu seyn, immer klar, immer ruhig um sich und in sich zu

---

* Im Nathan dem Weisen ist dieses nicht geschehen, hier hat die frostige Natur des Stoffs das ganze Kunstwerk erkältet. Aber Lessing wußte selbst, daß er kein Trauerspiel schrieb, und vergaß nur, menschlicherweise, in seiner eigenen Angelegenheit die in der Dramaturgie aufgestellte Lehre, daß der Dichter nicht befugt sey, die tragische Form zu einem andern als tragischen Zweck anzuwenden: Ohne sehr wesentliche Veränderungen würde es kaum möglich gewesen seyn, dieses dramatische Gedicht in eine gute Tragödie umzuschaffen; aber mit bloß zufälligen Veränderungen möchte es eine gute Comödie abgegeben haben. Dem letztern Zweck nehmlich hätte das Pathetische dem erstern das Raisonnirende aufgeopfert werden müssen, und es ist wohl keine Frage, auf welchem von beyden die Schönheit dieses Gedichts am meisten beruht.

schauen, überall mehr Zufall als Schicksal zu finden, und mehr über Ungereimtheit zu lachen als über Bosheit zu zürnen oder zu weinen.

Wie in dem handelnden Leben so begegnet es auch oft bey dichterischen Darstellungen, den bloß leichten Sinn, das angenehme Talent, die fröhliche Gutmüthigkeit mit Schönheit der Seele zu verwechseln, und da sich der gemeine Geschmack überhaupt nie über das Angenehme erhebt, so ist es solchen niedlichen Geistern ein leichtes, jenen Ruhm zu usurpiren, der so schwer zu verdienen ist. Aber es giebt eine untrügliche Probe, vermittelst deren man die Leichtigkeit des Naturells von der Leichtigkeit des Ideals, so wie die Tugend des Temperaments von der wahrhaften Sittlichkeit des Charakters unterscheiden kann, und diese ist, wenn beyde sich an einem schwürigen und großen Objekte versuchen. In einem solchen Fall geht das niedliche Genie unfehlbar in das Platte, so wie die Temperamentstugend in das Materielle, die wahrhaft schöne Seele hingegen geht eben so gewiß in die erhabene über.

So lange Lucian bloß die Ungereimtheit züchtigt, wie in den Wünschen, in den Lapithen, in dem Jupiter Tragödus u. a. bleibt er Spötter, und ergötzt uns mit seinem fröhlichen Humor; aber es wird ein ganz anderer Mann aus ihm in vielen Stellen seines Nigrinus, seines Timons, seines Alexanders, wo seine Satyre auch die moralische Verderbniß trift. »Unglückseliger«, so beginnt er in seinem Nigrinus das empörende Gemählde des damaligen Roms, »warum verliessest du das Licht der Sonne, Griechenland, und jenes glückliche Leben der Freyheit, und kamst hieher in dieß Getümmel von prachtvoller Dienstbarkeit, von Aufwartungen und Gastmälern, von Sykophanten, Schmeichlern, Giftmischern, Erbschleichern und falschen Freunden? u. s. w.« Bey solchen und ähnlichen Anlässen muß sich der hohe Ernst des Gefühls offenbaren, der allem Spiele, wenn es poetisch seyn soll, zum Grunde liegen muß. Selbst durch den boshaften Scherz, womit sowohl Lucian als Aristophanes den Sokrates mißhandeln, blickt eine ernste Vernunft hervor, welche die Wahrheit an dem Sophisten rächt, und für ein Ideal streitet, das sie nur nicht immer ausspricht. Auch hat der erste von beyden in seinem Diogenes und Dämonax diesen Charakter gegen alle Zweifel gerechtfertigt; unter den Neuern welchen großen und schönen Charakter drückt nicht Cervantes bey jedem würdigen Anlaß in seinem Don Quixote aus, welch ein herrliches Ideal mußte nicht in der Seele des Dichters leben, der einen Tom Jones und eine Sophia erschuf, wie kann der Lacher Yorik, sobald er will, unser Gemüth so groß und so mächtig bewegen. Auch in unserm Wieland erkenne ich diesen Ernst der Empfindung; selbst die muthwilligen Spiele seiner Laune beseelt und adelt die Grazie des Herzens; selbst in den Rhythmus seines Gesanges drückt sie ihr Gepräg, und nimmer fehlt ihm die Schwungkraft, uns, sobald es gilt, zu dem Höchsten empor zu tragen.

Von der Voltairischen Satyre läßt sich kein solches Urtheil fällen. Zwar ist es auch bey diesem Schriftsteller einzig nur die Wahrheit und Simplicität der Natur, wodurch er uns zuweilen poetisch rührt; es sey nun, daß er sie in einem naiven Charakter wirklich erreiche, wie mehrmal in seinem Ingenu, oder daß er sie, wie in seinem Candide u. a. suche und räche. Wo keines von beyden der Fall ist, da kann er uns zwar als witziger Kopf belustigen, aber gewiß nicht als Dichter bewegen. Aber seinem Spott liegt überall zu wenig Ernst zum Grunde, und dieses macht seinen Dichterberuf mit Recht verdächtig. Wir begegnen immer nur seinem Verstande, nicht seinem Gefühl. Es zeigt sich kein Ideal unter jener luftigen Hülle, und kaum etwas absolut Festes in jener ewigen Bewegung. Seine wunderbare Mannichfaltigkeit in äussern Formen, weit entfernt für die innere Fülle seines Geistes etwas zu beweisen, legt vielmehr ein bedenkliches Zeugniß dagegen ab, denn ungeachtet aller jener Formen hat er auch nicht Eine gefunden, worinn er sein Herz hätte abdrücken können. Beynahe muß man also fürchten, es war in diesem reichen Genius nur die Armuth des Herzens, die seinen Beruf zur Satyre bestimmte. Wäre es anders, so hätte er doch irgend auf seinem weiten Weg aus diesem engen Geleise treten müssen. Aber bey allem noch so großen Wechsel des Stoffes und der äussern Form sehen wir diese innere Form in ewigem, dürftigem Einerley wiederkehren, und trotz seiner voluminösen Laufbahn hat er doch den Kreis der Menschheit in sich selbst nicht erfüllt, den man in den obenerwähnten Satyrikern mit Freuden durchlaufen findet.

Setzt der Dichter die Natur der Kunst und das Ideal der Wirklichkeit so entgegen, daß die Darstellung des ersten überwiegt, und das Wohlgefallen an demselben herrschende Empfindung wird, so nenne ich ihn elegisch. Auch diese Gattung hat wie die Satyre zwey Klassen unter sich. Entweder ist die Natur und das Ideal ein Gegenstand der Trauer, wenn jene als verloren, dieses als unerreicht dargestellt wird. Oder beyde sind ein Gegenstand der Freude, indem sie als wirklich vorgestellt werden. Das erste giebt die Elegie in engerer, das andere die Idylle in weitester Bedeutung*.

Wie der Unwille bey der pathetischen und wie der Spott bey der scherzhaften Satyre, so darf bey der Elegie die Trauer nur aus einer, durch das Ideal erweckten, Begeiste-

---

* Daß ich die Benennungen Satyre, Elegie und Idylle in einem weitern Sinne gebrauche, als gewöhnlich geschieht, werde ich bey Lesern, die tiefer in die Sache dringen, kaum zu verantworten brauchen. Meine Absicht dabey ist keineswegs die Grenzen zu verrücken, welche die bisherige Observanz sowohl der Satyre und Elegie als der Idylle mit gutem Grunde gesteckt hat; ich sehe bloß auf die in diesen Dichtungsarten herrschende Empfindungsweise, und es ist ja bekannt genug, daß diese sich keineswegs in jene engen Grenzen einschließen läßt. Elegisch rührt uns nicht bloß die Elegie, welche ausschließlich so genannt wird; auch der dramatische und epische Dichter können uns auf elegische Weise bewegen. In der Meßiade, in Thomsons Jahrszeiten, im verlornen Paradieß, im befreyten Jerusalem finden wir mehrere Gemählde, die sonst nur der Idylle, der Elegie, der Satyre eigen sind. Eben so, mehr oder weniger, fast in jedem pathetischen Gedichte. Daß ich aber die Idylle selbst zur elegischen Gattung rechne, scheint eher einer Rechtfertigung zu bedürfen. Man er-

rung fließen. Dadurch allein erhält die Elegie poetischen
Gehalt, und jede andere Quelle derselben ist völlig unter
der Würde der Dichtkunst. Der elegische Dichter sucht die
Natur, aber in ihrer Schönheit, nicht bloß in ihrer Annehm-
lichkeit, in ihrer Übereinstimmung mit Ideen, nicht bloß in
ihrer Nachgiebigkeit gegen das Bedürfniß. Die Trauer über
verlorne Freuden, über das aus der Welt verschwundene
goldene Alter, über das entflohene Glück der Jugend, der
Liebe u. s. w. kann nur alsdann der Stoff einer elegischen
Dichtung werden, wenn jene Zustände sinnlichen Friedens
zugleich als Gegenstände moralischer Harmonie sich vor-
stellen lassen. Ich kann deswegen die Klaggesänge des
O v i d , die er aus seinem Verbannungsort am Euxin an-
stimmt, wie rührend sie auch sind, und wie er Dichteri-
sches auch einzelne Stellen haben, im Ganzen nicht wohl
als ein poetisches Werk betrachten. Es ist viel zu wenig
Energie, viel zu wenig Geist und Adel in seinem Schmerz.

---

innere sich aber, daß hier nur von derjenigen Idylle die Rede ist, welche eine
Species der sentimentalischen Dichtung ist, zu deren Wesen es gehört, daß die
Natur der Kunst und das Ideal der Wirklichkeit entgegen gesetzt wer-
d e. Geschieht dieses auch nicht ausdrücklich von dem Dichter, und stellt er das
Gemählde der unverdorbenen Natur oder des erfüllten Ideales rein und selbstständig vor unsere Augen, so ist jener Gegensatz doch in seinem Herzen, und
wird sich, auch ohne seinen Willen, in jedem Pinselstrich verrathen. Ja wäre
dieses nicht, so würde schon die Sprache, deren er sich bedienen muß, weil sie
den Geist der Zeit an sich trägt und den Einfluß der Kunst erfahren, uns die
Wirklichkeit mit ihren Schranken, die Kultur mit ihren Künsteley in Erinnerung bringen; ja unser eigenes Herz würde jenem Bilde der reinen Natur die
Erfahrung der Verderbniß gegenüber stellen, und so die Empfindungsart, wenn
auch der Dichter es nicht darauf angelegt hätte, in uns elegisch machen. Dieß
letztere ist so unvermeidlich, daß selbst der höchste Genuß, den die schönsten
Werke der naiven Gattung aus alten und neuen Zeiten dem kultivirten Menschen gewähren, nicht lange rein bleibt, sondern früher oder später von einer
elegischen Empfindung begleitet seyn wird. Schließlich bemerke ich noch, daß
die hier versuchte Eintheilung, eben deßwegen weil sie sich bloß auf den Unterschied in der Empfindungsweise gründet, in der Eintheilung der Gedichte
selbst und der Ableitung der poetischen Arten ganz und gar nichts bestimmen
soll; denn da der Dichter, auch in demselben Werke, keinesweges an dieselbe
Empfindungsweise gebunden ist, so kann jene Eintheilung nicht davon, sondern muß von der Form der Darstellung hergenommen werden.

Das Bedürfniß, nicht die Begeisterung stieß jene Klagen
aus; es athmet darinn, wenn gleich keine gemeine Seele,
doch die gemeine Stimmung eines edleren Geistes, den sein
Schicksal zu Boden drückte. Zwar wenn wir uns erinnern,
daß es Rom, und das Rom des Augustus ist, um das er
trauert, so verzeyhen wir dem Sohn der Freude seinen
Schmerz; aber selbst das herrliche Rom mit allen seinen
Glückseligkeiten ist, wenn nicht die Einbildungskraft es
erst veredelt, bloß eine endliche Größe, mithin ein unwür-
diges Objekt für die Dichtkunst, die erhaben über alles,
was die Wirklichkeit aufstellt, nur das Recht hat, um das
Unendliche zu trauern.

Der Inhalt der dichterischen Klage kann also niemals ein
äußrer, jederzeit nur ein innerer idealischer Gegenstand
seyn; selbst wenn sie einen Verlust in der Wirklichkeit betrauert, muß sie ihn erst zu einem idealischen umschaffen.
In dieser Reduktion des Beschränkten auf ein Unendliches
besteht eigentlich die poetische Behandlung. Der äußere
Stoff ist daher an sich selbst immer gleichgültig, weil ihn
die Dichtkunst niemals so brauchen kann, wie sie ihn findet, sondern nur durch das, was sie selbst daraus macht,
ihm die poetische Würde giebt. Der elegische Dichter sucht
die Natur, aber als eine Idee und in einer Vollkommenheit,
in der sie nie existirt hat, wenn er sie gleich als etwas da ge-
wesenes und nun verlorenes beweint. Wenn uns Ossian von
den Tagen erzählt, die nicht mehr sind, und von den Helden, die verschwunden sind, so hat seine Dichtungskraft
jene Bilder der Erinnerung längst in Ideale, jene Helden in
Götter umgestaltet. Die Erfahrungen eines bestimmten
Verlustes haben sich zur Idee der allgemeinen Vergänglich-
keit erweitert, und der gerührte Barde, den das Bild des all-
gegenwärtigen Ruins verfolgt, schwingt sich zum Himmel
auf, um dort in dem Sonnenlauf ein Sinnbild des Unver-
gänglichen zu finden*.

---

* Man lese z. B. das trefliche Gedicht Carton betitelt.

Ich wende mich sogleich zu den neuern Poeten in der elegischen Gattung. R o u s s e a u , als Dichter, wie als Philosoph, hat keine andere Tendenz als die Natur entweder zu suchen, oder an der Kunst zu rächen. Je nachdem sich sein Gefühl entweder bey der einen oder der andern verweilt, finden wir ihn bald elegisch gerührt, bald zu Juvenalischer Satyre begeistert, bald, wie in seiner Julie, in das Feld der Idylle entzückt. Seine Dichtungen haben unwidersprechlich poetischen Gehalt, da sie ein Ideal behandeln, nur weiß er denselben nicht auf poetische Weise zu gebrauchen. Sein ernster Charakter läßt ihn zwar nie zur Frivolität herabsinken, aber erlaubt ihm auch nicht, sich bis zum poetischen Spiel zu erheben. Bald durch Leidenschaft, bald durch Abstraktion angespannt, bringt er es selten oder nie zu der ästhetischen Freyheit, welche der Dichter seinem Stoff gegenüber behaupten, seinem Leser mittheilen muß. Entweder es ist seine kranke Empfindlichkeit, die über ihn herrschet, und seine Gefühle bis zum Peinlichen treibt; oder es ist seine Denkkraft, die seiner Imagination Fesseln anlegt und durch die Strenge des Begriffs die Anmuth des Gemähldes vernichtet. Beyde Eigenschaften, deren innige Wechselwirkung und Vereinigung den Poeten eigentlich ausmacht, finden sich bey diesem Schriftsteller in ungewöhnlich hohem Grad, und nichts fehlt, als daß sie sich auch wirklich mit einander vereinigt äusserten, daß seine Selbstthätigkeit sich mehr in sein Empfinden, daß seine Empfänglichkeit sich mehr in sein Denken mischte. Daher ist auch in dem Ideale, das er von der Menschheit aufstellt, auf die Schranken derselben zu viel, auf ihr Vermögen zu wenig Rücksicht genommen, und überall mehr ein Bedürfniß nach physischer R u h e als nach moralischer Ü b e r e i n s t i m m u n g darinn sichtbar. Seine leidenschaftliche Empfindlichkeit ist Schuld, daß er die Menschheit, um nur des Streits in derselben recht bald los zu werden, lieber zu der geistlosen Einförmigkeit des ersten Standes zurückgeführt, als jenen Streit in der

geistreichen Harmonie einer völlig durchgeführten Bildung geendigt sehen, daß er die Kunst lieber gar nicht an-
fangen lassen, als ihre Vollendung erwarten will, kurz, daß
er das Ziel lieber niedriger steckt, und das Ideal lieber her-
absetzt, um es nur desto schneller, um es nur desto sicherer
zu erreichen.

Unter Deutschlands Dichtern in dieser Gattung will ich
hier nur Hallers, Kleists und Klopstocks erwäh-
nen. Der Charakter ihrer Dichtung ist sentimentalisch;
durch Ideen rühren sie uns, nicht durch sinnliche Wahrheit,
nicht sowohl weil sie selbst Natur sind, als weil sie uns für
Natur zu begeistern wissen. Was indessen von dem Charakter sowohl dieser als aller sentimentalischen Dichter
im Ganzen wahr ist, schließt natürlicherweise darum
keineswegs das Vermögen aus, im Einzelnen uns
durch naive Schönheit zu rühren: ohne das würden sie
überall keine Dichter seyn. Nur ihr eigentlicher und herrschender Charakter ist es nicht, mit ruhigem, einfältigem
und leichtem Sinn zu empfangen und das Empfangene eben
so wieder darzustellen. Unwillkührlich drängt sich die
Phantasie der Anschauung, die Denkkraft der Empfindung
zuvor, und man verschließt Auge und Ohr, um betrachtend
in sich selbst zu versinken. Das Gemüth kann keinen Eindruck erleiden, ohne sogleich seinem eigenen Spiel zuzuse-
hen, und was es in sich hat, durch Reflexion sich gegenüber
und aus sich herauszustellen. Wir erhalten auf diese Art nie
den Gegenstand, nur was der reflektirende Verstand des
Dichters aus dem Gegenstand machte, und selbst dann,
wenn der Dichter selbst dieser Gegenstand ist, wenn er uns
seine Empfindungen darstellen will, erfahren wir nicht seinen Zustand unmittelbar und aus der ersten Hand, sondern
wie sich derselbe in seinem Gemüth reflektiert, was er als
Zuschauer seiner selbst darüber gedacht hat. Wenn Haller
den Tod seiner Gattin betrauert (man kennt das schöne
Lied) und folgendermaaßen anfängt:

> Soll ich von deinem Tode singen
> O Mariane welch ein Lied!
> Wenn Seufzer mit den Worten ringen
> Und ein Begriff den andern flieht u. s. f.

so finden wir diese Beschreibung genau wahr, aber wir fühlen auch, daß uns der Dichter nicht eigentlich seine Empfindungen, sondern seine Gedanken darüber mittheilt. Er
rührt uns deswegen auch weit schwächer, weil er selbst
schon sehr viel erkältet seyn mußte, um ein Zuschauer seiner Rührung zu seyn.

Schon der größtentheils übersinnliche Stoff der Hallerischen und zum Theil auch der Klopstockischen Dichtungen
schließt sie von der naiven Gattung aus; sobald daher jener
Stoff überhaupt nur poetisch bearbeitet werden sollte, so
mußte er, da er keine körperliche Natur annehmen und folglich kein Gegenstand der sinnlichen Anschauung werden
konnte, ins Unendliche hinübergeführt und zu einem Gegenstand der geistigen Anschauung erhoben werden. Überhaupt läßt sich nur in diesem Sinne eine didaktische Poesie
ohne innern Widerspruch denken; denn, um es noch einmal
zu wiederholen, nur diese zwey Felder besitzt die Dichtkunst; entweder sie muß sich in der Sinnenwelt oder sie muß
sich in der Ideenwelt aufhalten, da sie im Reich der Begriffe
oder in der Verstandeswelt schlechterdings nicht gedeihen
kann. Noch, ich gestehe es, kenne ich kein Gedicht in dieser
Gattung, weder aus älterer noch neuerer Litteratur, welches
den Begriff, den es bearbeitet, rein und vollständig entweder
bis zur Individualität herab oder bis zur Idee hinaufgeführt
hätte. Der gewöhnliche Fall ist, wenn es noch glücklich geht,
daß zwischen beyden abgewechselt wird, während daß der
abstrakte Begriff herrschet, und daß der Einbildungskraft,
welche auf dem poetischen Felde zu gebieten haben soll,
bloß verstattet wird, den Verstand zu bedienen. Dasjenige
didaktische Gedicht, worinn der Gedanke selbst poetisch
wäre, und es auch bliebe, ist noch zu erwarten.

Was hier im allgemeinen von allen Lehrgedichten gesagt wird, gilt auch von den Hallerischen insbesondere. Der Gedanke selbst ist kein dichterischer Gedanke, aber die Ausführung wird es zuweilen, bald durch den Gebrauch der Bilder bald durch den Aufschwung zu Ideen. Nur in der letztern Qualität gehören sie hieher. Kraft und Tiefe und ein pathetischer Ernst charakterisiren diesen Dichter. Von einem Ideal ist seine Seele entzündet, und sein glühendes Gefühl für Wahrheit sucht in den stillen Alpenthälern die aus der Welt verschwundene Unschuld. Tiefrührend ist seine Klage, mit energischer, fast bittrer Satyre zeichnet er die Verirrungen des Verstandes und Herzens und mit Liebe die schöne Einfalt der Natur. Nur überwiegt überall zu sehr der Begriff in seinen Gemählden, so wie in ihm selbst der Verstand über die Empfindung den Meister spielt. Daher lehrt er durchgängig mehr, als er darstellt, und stellt durchgängig mit mehr kräftigen als lieblichen Zügen dar. Er ist groß, kühn, feurig, erhaben; zur Schönheit aber hat er sich selten oder niemals erhoben.

An Ideengehalt und an Tiefe des Geistes steht Kleist diesem Dichter um vieles nach; an Anmuth möchte er ihn übertreffen, wenn wir ihm anders nicht, wie zuweilen geschieht, einen Mangel auf der einen Seite für eine Stärke auf der andern anrechnen. Kleists gefühlvolle Seele schwelgt am liebsten im Anblick ländlicher Scenen und Sitten. Er flieht gerne das leere Geräusch der Gesellschaft und findet im Schooß der leblosen Natur die Harmonie und den Frieden, den er in der moralischen Welt vermißt. Wie rührend ist seine Sehnsucht nach Ruhe!* Wie wahr und gefühlt, wenn er singt:

»O Welt du bist des wahren Lebens Grab.
Oft reizet mich ein heißer Trieb zur Tugend,
Für Wehmuth rollt ein Bach die Wang' herab,

---

* Man sehe das Gedicht dieses Nahmens in seinen Werken.

Das Beyspiel siegt und du o Feur der Jugend.
Ihr trocknet bald die edeln Thränen ein.
Ein wahrer Mensch muß fern von Menschen seyn«.

Aber hat ihn sein Dichtungstrieb aus dem einengenden
Kreis der Verhältnisse heraus in die geistreiche Einsamkeit
der Natur geführt, so verfolgt ihn auch noch bis hieher das
ängstliche Bild des Zeitalters und leider auch seine Fesseln.
Was er fliehet, ist in ihm, was er suchet, ist ewig außer ihm;
nie kann er den üblen Einfluß seines Jahrhunderts verwin-
den. Ist sein Herz gleich feurig, seine Phantasie gleich ener-
gisch genug, die todten Gebilde des Verstandes durch die
Darstellung zu beseelen, so entseelt der kalte Gedanke eben
so oft wieder die lebendige Schöpfung der Dichtungskraft,
und die Reflexion stört das geheime Werk der Empfindung.
Bunt zwar und prangend wie der Frühling, den er besang,
ist seine Dichtung, seine Phantasie ist rege und thätig, doch
möchte man sie eher veränderlich als reich, eher spielend als
schaffend, eher unruhig fortschreitend als sammelnd und
bildend nennen. Schnell und üppig wechseln Züge auf Züge,
aber ohne sich zum Individuum zu concentriren, ohne sich
zum Leben zu füllen und zur Gestalt zu runden. So lange er
bloß lyrisch dichtet und bloß bey landschaftlichen Gemählden verweilt, läßt uns theils die größere Freyheit der lyri-
schen Form, theils die willkührlichere Beschaffenheit seines
Stoffs diesen Mangel übersehen, indem wir hier überhaupt
mehr die Gefühle des Dichters als den Gegenstand selbst
dargestellt verlangen. Aber der Fehler wird nur allzu merklich, wenn er sich, wie in seinem Cissides und Paches, und in seinem Seneka, herausnimmt, Menschen
und menschliche Handlungen darzustellen; weil hier die
Einbildungskraft sich zwischen festen und nothwendigen
Grenzen eingeschlossen sieht, und der poetische Effekt nur
aus dem Gegenstand hervorgehen kann. Hier wird er
dürftig, langweilig, mager und bis zum Unerträglichen fro-
stig: ein warnendes Beyspiel für alle, die ohne innern Beruf

aus dem Felde musikalischer Poesie in das Gebiet der bildenden sich versteigen. Einem verwandten Genie, dem Thomson, ist die nehmliche Menschlichkeit begegnet.

In der sentimentalischen Gattung und besonders in dem elegischen Theil derselben möchten wenige aus den neuern und noch wenigere aus den ältern Dichtern mit unserm Klopstock zu vergleichen seyn. Was nur immer, außerhalb den Grenzen lebendiger Form und außer dem Gebiete der Individualität, im Felde der Idealität zu erreichen ist, ist von diesem musikalischen Dichter geleistet*. Zwar würde man ihm großes Unrecht thun, wenn man ihm jene individuelle Wahrheit und Lebendigkeit, womit der naive Dichter seinen Gegenstand schildert, überhaupt absprechen wollte. Viele seiner Oden, mehrere einzelne Züge in seinen Dramen und in seinem Messias stellen den Gegenstand mit treffender Wahrheit und in schöner Umgrenzung dar; da besonders, wo der Gegenstand sein eigenes Herz ist, hat er nicht selten eine große Natur, eine reizende Naivetät bewiesen. Nur liegt hierinn seine Stärke nicht, nur möchte sich diese Eigenschaft nicht durch das Ganze seines dichterischen Kreises durchführen lassen. So eine herrliche Schöpfung die Messiade in musikalisch poetischer Rücksicht, nach der oben gegebenen Bestimmung, ist, so vieles läßt sie in plastisch poetischer noch zu wünschen übrig, wo man bestimmte und für die Anschauung be-

---

* Ich sage musikalischen, um hier an die doppelte Verwandtschaft der Poesie mit der Tonkunst und mit der bildenden Kunst zu erinnern. Je nachdem nehmlich die Poesie entweder einen bestimmten Gegenstand nachahmt, wie die bildenden Künste thun, oder je nachdem sie, wie die Tonkunst, bloß einen bestimmten Zustand des Gemüths hervorbringt, ohne dazu eines bestimmten Gegenstandes nöthig zu haben, kann sie bildend (plastisch) oder musikalisch genannt werden. Der letztere Ausdruck bezieht sich also nicht bloß auf dasjenige, was in der Poesie, wirklich und der Materie nach, Musik ist, sondern überhaupt auf alle bildende Effekte derselben, die sie hervorzubringen vermag, ohne die Einbildungskraft durch ein bestimmtes Objekt zu beherrschen; und in diesem Sinne nenne ich Klopstock vorzugsweise einen musikalischen Dichter.

stimmte Formen erwartet. Bestimmt genug möchten
vielleicht noch die Figuren in diesem Gedichte seyn, aber
nicht für die Anschauung; nur die Abstraktion hat sie er-
schaffen, nur die Abstraktion kann sie unterscheiden. Sie
sind gute Exempel zu Begriffen, aber keine Individuen, keine lebenden Gestalten. Der Einbildungskraft, an die doch
der Dichter sich wenden, und die er durch die durchgängige
Bestimmtheit seiner Formen beherrschen soll, ist es viel zu
sehr frey gestellt, auf was Art sie sich diese Menschen und
Engel, diese Götter und Satane, diesen Himmel und diese
Hölle versinnlichen will. Es ist ein Umriß gegeben, innerhalb dessen der Verstand sie nothwendig denken muß, aber
keine feste Grenze ist gesetzt, innerhalb deren die Phantasie
sie nothwendig darstellen müßte. Was ich hier von den
Charakteren sage, gilt von allem, was in diesem Gedichte
Leben und Handlung ist oder seyn soll; und nicht bloß in
dieser Epopee, auch in den dramatischen Poesien unsers
Dichters. Für den Verstand ist alles treflich bestimmt und
begrenzet (ich will hier nur an seinen Judas, seinen Pilatus,
seinen Philo, seinen Salomo, im Trauerspiel dieses Nahmens erinnern), aber es ist viel zu formlos für die Einbildungskraft, und hier, ich gestehe es frey heraus, finde ich
diesen Dichter ganz und gar nicht in seiner Sphäre.

Seine Sphäre ist immer das Ideenreich, und ins Unendliche weiß er alles, was er bearbeitet, hinüberzuführen. Man
möchte sagen, er ziehe allem, was er behandelt, den Körper
aus, um es zu Geist zu machen, so wie andere Dichter alles
geistige mit einem Körper bekleiden. Beynahe jeder Genuß,
den seine Dichtungen gewähren, muß durch eine Übung
der Denkkraft errungen werden; alle Gefühle, die er, und
zwar so innig und so mächtig in uns zu erregen weiß, strö-
men aus übersinnlichen Quellen hervor. Daher dieser
Ernst, diese Kraft, dieser Schwung, diese Tiefe, die alles
charakterisiren, was von ihm kommt; daher auch diese im-
merwährende Spannung des Gemüths, in der wir bey Le-
sung desselben erhalten werden. Kein Dichter (Young etwa

ausgenommen, der darinn mehr fodert als Er, aber ohne es, wie er thut, zu vergüten) dürfte sich weniger zum Liebling und zum Begleiter durchs Leben schicken, als gerade Klopstock, der uns immer nur aus dem Leben herausführt, immer nur den Geist unter die Waffen ruft, ohne den Sinn mit der ruhigen Gegenwart eines Objekts zu erquicken. Keusch, überirrdisch, unkörperlich, heilig wie seine Religion ist seine dichterische Muse, und man muß mit Bewunderung gestehen, daß er, wiewohl zuweilen in diesen Höhen verirret, doch niemals davon herabgesunken ist. Ich bekenne daher unverhohlen, daß mir für den Kopf desjenigen etwas bange ist, der wirklich und ohne Affektation diesen Dichter zu seinem Lieblingsbuche machen kann; zu einem Buche nehmlich, bey dem man zu jeder Lage sich stimmen, zu dem man aus jeder Lage zurückkehren kann; auch, dächte ich, hätte man in Deutschland Früchte genug von seiner gefährlichen Herrschaft gesehen. Nur in gewissen exaltirten Stimmungen des Gemüths kann er gesucht und empfunden werden; deswegen ist er auch der Abgott der Jugend, obgleich bey weitem nicht ihre glücklichste Wahl. Die Jugend, die immer über das Leben hinausstrebt, die alle Form fliehet, und jede Grenze zu enge findet, ergeht sich mit Liebe und Lust in den endlosen Räumen, die ihr von diesem Dichter aufgethan werden. Wenn dann der Jüngling Mann wird, und aus dem Reiche der Ideen in die Grenzen der Erfahrung zurückkehrt, so verliert sich vieles, sehr vieles von jener enthusiastischen Liebe, aber nichts von der Achtung, die man einer so einzigen Erscheinung, einem so außerordentlichen Genius, einem so sehr veredelten Gefühl, die der Deutsche besonders einem so hohen Verdienste schuldig ist.

Ich nannte diesen Dichter vorzugsweise in der elegischen Gattung groß, und kaum wird es nöthig seyn, dieses Urtheil noch besonders zu rechtfertigen. Fähig zu jeder Energie und Meister auf dem ganzen Felde sentimentalischer Dichtung kann er uns bald durch das höchste Pathos erschüttern, bald in himmlisch süße Empfindungen wiegen; aber zu einer hohen geistreichen Wehmuth neigt sich doch überwiegend sein Herz, und wie erhaben auch seine Harfe, seine Lyra tönt, so werden die schmelzenden Töne seiner Laute doch immer wahrer und tiefer und beweglicher klingen. Ich berufe mich auf jedes rein gestimmte Gefühl, ob es nicht alles Kühne und Starke, alle Fictionen, alle prachtvollen Beschreibungen, alle Muster oratorischer Beredtsamkeit im Messias, alle schimmernden Gleichnisse, worinn unser Dichter so vorzüglich glücklich ist, für die zarten Empfindungen hingeben würde, welche in der Elegie an Ebert, in dem herrlichen Gedicht Bardale, den frühen Gräbern, der Sommernacht, dem Zürcher See und mehrere andere aus dieser Gattung athmen. So ist mir die Messiade als ein Schatz elegischer Gefühle und idealischer Schilderungen theuer, wie wenig sie mich auch als Darstellung einer Handlung und als ein episches Werk befriedigt.

Vielleicht sollte ich, ehe ich dieses Gebiet verlasse, auch noch an die Verdienste eines Uz, Denis, Geßner (in seinem Tod Abels), Jacobi, von Gerstenberg, eines Hölty, von Göckingk, und mehrerer andern in dieser Gattung erinnern, welche alle uns durch Ideen rühren, und, in der oben festgesetzten Bedeutung des Worts, sentimentalisch gedichtet haben. Aber mein Zweck ist nicht, eine Geschichte der deutschen Dichtkunst zu schreiben, sondern das oben gesagte durch einige Beyspiele aus unsrer Litteratur klar zu machen. Die Verschiedenheit des Weges wollte ich zeigen, auf welchem alte und moderne, naive und sentimentalische Dichter zu dem nehmlichen Ziele gehen – daß, wenn uns jene durch Natur, Individualität und lebendige Sinnlichkeit rühren, diese durch Ideen und hohe Geistigkeit eine eben so große, wenn gleich keine so ausgebreitete, Macht über unser Gemüth beweisen.

An den bisherigen Beyspielen hat man gesehen, wie der sentimentalische Dichtergeist einen natürlichen Stoff behandelt; man könnte aber auch interessirt seyn zu wissen,

wie der naive Dichtergeist mit einem sentimentalischen
Stoff verfährt. Völlig neu und von einer ganz eigenen
Schwierigkeit scheint diese Aufgabe zu seyn, da in der alten
und naiven Welt ein solcher S t o f f sich nicht vorfand, in
der neuen aber der D i c h t e r dazu fehlen möchte. Dennoch hat sich das Genie auch diese Aufgabe gemacht, und
auf eine bewundernswürdig glückliche Weise aufgelößt. Ein
Charakter, der mit glühender Empfindung ein Ideal um-
faßt, und die Wirklichkeit flieht, um nach einem wesenlo-
sen Unendlichen zu ringen, der, was er in sich selbst unaufhörlich zerstört, unaufhörlich ausser sich suchet, dem nur
seine Träume das Reelle, seine Erfahrungen ewig nur
Schranken sind, der endlich in seinem eigenen Daseyn nur
eine Schranke sieht, und auch diese, wie billig ist, noch ein-
reißt, um zu der wahren Realität durchzudringen – dieses
gefährliche Extrem des sentimentalischen Charakters ist der
Stoff eines Dichters geworden, in welchem die Natur ge-
treuer und reiner als in irgend einem andern wirkt, und der
sich unter modernen Dichtern vielleicht am wenigsten von
der sinnlichen Wahrheit der Dinge entfernt.

Es ist interessant zu sehen, mit welchem glücklichen Instinkt alles, was dem sentimentalischen Charakter Nahrung
giebt, im W e r t h e r zusammengedrängt ist; schwärmeri-
sche unglückliche Liebe, Empfindsamkeit für Natur, Reli-
gionsgefühle, philosophischer Contemplationsgeist, endlich, um nichts zu vergessen, die düstre, gestaltlose, schwer-
müthige Ossianische Welt. Rechnet man dazu, wie wenig
empfehlend, ja wie feindlich die Wirklichkeit dagegen gestellt ist, und wie von aussen her alles sich vereinigt, den
Gequälten in seine Idealwelt zurückzudrängen, so sieht
man keine Möglichkeit, wie ein solcher Charakter aus einem solchen Kreise sich hätte retten können. In dem T a s -
s o des nehmlichen Dichters kehrt der nehmliche Gegensatz, wiewohl in ganz verschiednen Charakteren zurück;
selbst in seinem neuesten R o m a n stellt sich, so wie in jenem ersten, der poetisirende Geist dem nüchternen Ge-

meinsinn, das Ideale dem Wirklichen, die subjective Vorstellungsweise der objectiven – – aber mit welcher Verschiedenheit! entgegen: sogar im Faust treffen wir den nehmlichen Gegensatz, freylich wie auch der Stoff dieß erfoderte, auf beiden Seiten sehr vergröbert und materialisirt wieder an; es verlohnte wohl der Mühe, eine psychologische Entwickelung dieses in vier so verschiedene Arten specificirten Charakters zu versuchen.

Es ist oben bemerkt worden, daß die bloß leichte und joviale Gemüthsart, wenn ihr nicht eine innere Ideenfülle zum Grund liegt, noch gar keinen Beruf zur scherzhaften Satyre abgebe, so freigebig sie auch im gewöhnlichen Urtheil dafür genommen wird; eben so wenig Beruf giebt die bloß zärtliche Weichmüthigkeit und Schwermuth zur elegischen Dichtung. Beyden fehlt zu dem wahren Dichtertalente das energische Princip, welches den Stoff beleben muß, um das wahrhaft schöne zu erzeugen. Produkte dieser zärtlichen Gattung können uns daher bloß schmelzen und ohne das Herz zu erquicken und den Geist zu beschäftigen, bloß der Sinnlichkeit schmeicheln. Ein fortgesetzter Hang zu dieser Empfindungsweise muß zuletzt nothwendig den Charakter entnerven, und in einen Zustand der Passivität versenken, aus welchem gar keine Realität, weder für das äußere noch innere Leben, hervorgehen kann. Man hat daher sehr recht gethan, jenes Übel der Empfindeley* und weinerliche Wesen, welches durch Misdeutung und Nachäffung einiger vortrefflichen Werke, von etwa achtzehn Jahren, in Deutschland überhand zu nehmen anfieng, mit unerbittlichem Spott zu verfolgen; obgleich die Nachgiebigkeit, die man gegen das nicht viel bessere Gegenstück jener elegischen Karrikatur, gegen das spashafte

---

* »Der Hang«, wie Herr Adelung sie definirt, »zu rührenden sanften Empfindungen, ohne vernünftige Absicht und über das gehörige Maaß« – Herr Adelung ist sehr glücklich, daß er nur aus Absicht und gar nur aus vernünftiger Absicht empfindet.

Wesen, gegen die herzlose Satyre, und die geistlose Laune*
zu beweisen geneigt ist, deutlich genug an den Tag legt, daß
nicht aus ganz reinen Gründen dagegen geeifert worden ist.
Auf der Wage des ächten Geschmacks kann das eine so wenig als das andre etwas gelten, weil beiden der ästhetische
Gehalt fehlt, der nur in der innigen Verbindung des Geistes
mit dem Stoff und in der vereinigten Beziehung eines Produktes auf das Gefühlvermögen und auf das Ideenvermögen enthalten ist.

Über Siegwart und seine Klostergeschichte hat man
gespottet, und die Reisen nach dem mittäglichen
Frankreich werden bewundert; dennoch haben beyde
Produkte gleich großen Anspruch auf einen gewissen Grad
von Schätzung, und gleich geringen auf ein unbedingtes
Lob. Wahre, obgleich überspannte Empfindung macht den
erstern Roman, ein leichter Humor und ein aufgeweckter
feiner Verstand macht den zweyten schätzbar; aber so wie
es dem einen durchaus an der gehörigen Nüchternheit des
Verstandes fehlt, so fehlt es dem andern an ästhetischer
Würde. Der erste wird der Erfahrung gegenüber ein wenig
lächerlich, der andere wird dem Ideale gegenüber beynahe
verächtlich. Da nun das wahrhaft Schöne einerseits mit der
Natur und andrerseits mit dem Ideale übereinstimmend
seyn muß, so kann der eine so wenig als der andere auf den
Nahmen eines schönen Werks Anspruch machen. Indessen
ist es natürlich und billig, und ich weiß es aus eigener Erfahrung, daß der Thümmelische Roman mit großem Vergnügen gelesen wird. Da er nur solche Foderungen belei-

---

* Man soll zwar gewißen Lesern ihr dürftiges Vergnügen nicht verküm-
mern, und was geht es zuletzt die Critik an, wenn es Leute giebt, die sich an
dem schmutzigen Witz des Herrn Blumauer erbauen und belustigen können. Aber die Kunstrichter wenigstens sollten sich enthalten, mit einer gewissen Achtung von Produkten zu sprechen, deren Existenz dem guten Geschmack billig ein Geheimniß bleiben sollte. Zwar ist weder Talent noch Laune
darinn zu verkennen, aber desto mehr ist zu beklagen, daß beydes nicht mehr
gereiniget ist. Ich sage nichts von unsern deutschen Komödien; die Dichter
mahlen die Zeit, in der sie leben.

digt, die aus dem Ideal entspringen, die folglich von dem
größten Theil der Leser gar nicht, und von den bessern gerade nicht in solchen Momenten, wo man Romane liest,
aufgeworfen werden, die übrigen Foderungen des Geistes
und – des Körpers hingegen in nicht gemeinem Grade erfüllt, so muß er und wird mit Recht ein Lieblingsbuch unserer und aller der Zeiten bleiben, wo man ästhetische Werke bloß schreibt, um zu gefallen, und bloß liest, um sich ein
Vergnügen zu machen.

Aber hat die poetische Litteratur nicht sogar klassische
Werke aufzuweisen, welche die hohe Reinheit des Ideals
auf ähnliche Weise zu beleidigen, und sich durch die Mate-
rialität ihres Innhalts von jener Geistigkeit, die hier von jedem ästhetischen Kunstwerk verlangt wird, sehr weit zu
entfernen scheinen? Was selbst der Dichter, der keusche
Jünger der Muse, sich erlauben darf, sollte das dem Romanschreiber, der nur sein Halbbruder ist, und die Erde noch
so sehr berührt, nicht gestattet seyn? Ich darf dieser Frage
hier um so weniger ausweichen, da sowohl im elegischen
als im satyrischen Fache Meisterstücke vorhanden sind,
welche eine ganz andere Natur, als diejenige ist, von der
dieser Aufsatz spricht, zu suchen, zu empfehlen, und dieselbe nicht sowohl gegen die schlechten als gegen die guten
Sitten zu vertheidigen das Ansehen haben. Entweder müßten also jene Dichterwerke zu verwerfen oder der hier aufgestellte Begriff elegischer Dichtung viel zu willkührlich
angenommen seyn.

Was der Dichter sich erlauben darf, hieß es, sollte dem
prosaischen Erzähler nicht nachgesehen werden dürfen?
Die Antwort ist in der Frage schon enthalten: was dem
Dichter verstattet ist, kann für den, der es nicht ist, nichts
beweisen. In dem Begriffe des Dichters selbst und nur in
diesem liegt der Grund jener Freyheit, die eine bloß ver-
ächtliche Licenz ist, sobald sie nicht aus dem Höchsten und
Edelsten, was ihn ausmacht, kann abgeleitet werden.

Die Gesetze des Anstandes sind der unschuldigen Natur

fremd; nur die Erfahrung der Verderbniß hat ihnen den Ursprung gegeben. Sobald aber jene Erfahrung einmahl gemacht worden, und aus den Sitten die natürliche Unschuld verschwunden ist, so sind es heilige Gesetze, die ein sittliches Gefühl nicht verletzen darf. Sie gelten in einer künstlichen Welt mit demselben Rechte als die Gesetze der Natur in der Unschuldwelt regieren. Aber eben das macht ja den Dichter aus, daß er alles in sich aufhebt, was an eine künstliche Welt erinnert, daß er die Natur in ihrer ursprünglichen Einfalt wieder in sich herzustellen weiß. Hat er aber dieses gethan, so ist er auch eben dadurch von allen Gesetzen losgesprochen, durch die ein verführtes Herz sich gegen sich selbst sicher stellt. Er ist rein, er ist unschuldig, und was der unschuldigen Natur erlaubt ist, ist es auch ihm; bist du, der du ihn liesest oder hörst, nicht mehr schuldlos, und kannst du es nicht einmahl momentweise durch seine reinigende Gegenwart werden, so ist es dein Unglück, und nicht das seine; du verlässest ihn, er hat für dich nicht gesungen.

Es läßt sich also, in Absicht auf Freyheiten dieser Art, folgendes festsetzen.

Fürs erste: nur die Natur kann sie rechtfertigen. Sie dürfen mithin nicht das Werk der Wahl und einer absichtlichen Nachahmung seyn, denn dem Willen, der immer nach moralischen Gesetzen gerichtet wird, können wir eine Begünstigung der Sinnlichkeit niemals vergeben. Sie müssen also Naivetät seyn. Um uns aber überzeugen zu können, daß sie dieses wirklich sind, müssen wir sie von allem übrigen, was gleichfalls in der Natur gegründet ist, unterstützt und begleitet sehen, weil die Natur nur an der strengen Consequenz, Einheit und Gleichförmigkeit ihrer Wirkungen zu erkennen ist. Nur einem Herzen, welches alle Künsteley überhaupt, und mithin auch da, wo sie nützt, verabscheut, erlauben wir, sich da, wo sie drückt und einschränkt, davon loszusprechen; nur einem Herzen, welches sich allen Fesseln der Natur unterwirft, erlauben wir, von den Freyheiten derselben Gebrauch zu machen. Alle übrigen Empfindungen eines solchen Menschen müssen folglich das Gepräge der Natürlichkeit an sich tragen; er muß wahr, einfach, frey, offen, gefühlvoll, gerade seyn; alle Verstellung, alle List, alle Willkühr, alle kleinliche Selbstsucht muß aus seinem Charakter, alle Spuren davon aus seinem Werke verbannt seyn.

Fürs zweyte: nur die s c h ö n e Natur kann dergleichen Freyheiten rechtfertigen. Sie dürfen mithin kein einseitiger Ausbruch der Begierde seyn, denn alles, was aus bloßer Bedürftigkeit entspringt, ist verächtlich. Aus dem Ganzen und aus der Fülle menschlicher Natur müssen auch diese sinnlichen Energien hervorgehen. Sie müssen H u m a n i t ä t seyn. Um aber beurtheilen zu können, daß das Ganze menschlicher Natur, und nicht bloß ein einseitiges und gemeines Bedürfniß der Sinnlichkeit sie fodert, müssen wir das Ganze, von dem sie einen einzelnen Zug ausmachen, dargestellt sehen. An sich selbst ist die sinnliche Empfindungsweise etwas unschuldiges und gleichgültiges. Sie mißfällt uns nur darum an einem Menschen, weil sie thierisch ist, und von einem Mangel wahrer vollkommener Menschheit in ihm zeuget: sie beleidigt uns nur darum an einem Dichterwerk, weil ein solches Werk Anspruch macht, uns zu gefallen, mithin auch u n s eines solchen Mangels fähig hält. Sehen wir aber in dem Menschen, der sich dabey überraschen läßt, die Menschheit in ihrem ganzen übrigen Umfange wirken; finden wir in dem Werke, worinn man sich Freyheiten dieser Art genommen, alle Realitäten der Menschheit ausgedrückt, so ist jener Grund unsers Mißfallens weggeräumt, und wir können uns mit unvergällter Freude an dem naiven Ausdruck wahrer und schöner Natur ergötzen. Derselbe Dichter also, der sich erlauben darf, uns zu Theilnehmern so niedrig menschlicher Gefühle zu machen, muß uns auf der andern Seite wieder zu allem, was groß und schön und erhaben menschlich ist, empor zu tragen wissen.

Und so hätten wir denn den Maaßstab gefunden, dem wir jeden Dichter, der sich etwas gegen den Anstand herausnimmt, und seine Freyheit in Darstellung der Natur bis zu dieser Grenze treibt, mit Sicherheit unterwerfen können. Sein Produkt ist gemein, niedrig, ohne alle Ausnahme verwerflich, sobald es kalt und sobald es leer ist, weil dieses einen Ursprung aus Absicht und aus einem gemeinen Bedürfniß und einen heillosen Anschlag auf unsre Begierden beweist. Es ist hingegen schön, edel, und ohne Rücksicht auf alle Einwendungen einer frostigen Decenz beyfallswürdig, sobald es naiv ist, und Geist mit Herz verbindet*.

Wenn man mir sagt, daß unter dem hier gegebenen Maaßstab die meisten französischen Erzählungen in dieser Gattung, und die glücklichsten Nachahmungen derselben in Deutschland nicht zum besten bestehen möchten – daß dieses zum Theil auch der Fall mit manchen Produkten unsers anmuthigsten und geistreichsten Dichters seyn dürfte, seine Meisterstücke sogar nicht ausgenommen, so habe ich nichts darauf zu antworten. Der Ausspruch selbst ist nichts weniger als neu, und ich gebe hier nur die Gründe von einem Urtheil an, welches längst schon von jedem feineren Gefühle über diese Gegenstände gefällt worden ist. Eben diese Principien aber, welche in Rücksicht auf jene Schriften vielleicht allzu rigoristisch scheinen, möchten in Rücksicht auf einige andere Werke vielleicht zu liberal befunden werden; denn ich läugne nicht, daß die nehmlichen Gründe, aus welchen ich die verführerischen Gemählde des römischen und deutschen Ovid, so wie eines Crebillon,

---

* Mit Herz; denn die bloß sinnliche Glut des Gemähldes und die üppige Fülle der Einbildungskraft machen es noch lange nicht aus. Daher bleibt Ardinghello bey aller sinnlichen Energie und allem Feuer des Kolorits immer nur eine sinnliche Karrikatur, ohne Wahrheit und ohne ästhetische Würde. Doch wird diese seltsame Produktion immer als ein Beyspiel des beynahe poetischen Schwungs, den die bloße Begier zu nehmen fähig war, merkwürdig bleiben.

Voltaire, Marmontels (der sich einen moralischen Erzähler nennt), Laclos und vieler andern, einer Entschuldigung durchaus für unfähig halte, mich mit den Elegien des römischen und deutschen Properz, ja selbst mit manchem verschrienen Produkt des Diderot versöhnen; denn jene sind nur witzig, nur prosaisch, nur lüstern, diese sind poetisch, menschlich und naiv*.

Idylle.

Es bleiben mir noch einige Worte über diese dritte Species sentimentalischer Dichtung zu sagen übrig, wenige Worte nur, denn eine ausführlichere Entwicklung derselben, deren sie vorzüglich bedarf, bleibt einer andern Zeit vorbehalten**.

---

* Wenn ich den unsterblichen Verfasser des Agathon, Oberon etc. in dieser Gesellschaft nenne, so muß ich ausdrücklich erklären, daß ich ihn keineswegs mit derselben verwechselt haben will. Seine Schilderungen, auch die bedenklichsten von dieser Seite, haben keine materielle Tendenz (wie sich ein neuerer etwas unbesonnener Critiker vor kurzem zu sagen erlaubte) der Verfasser von einem Liebe um Liebe und von so vielen andern naiven und genialischen Werken, in welchen allen sich eine schöne und edle Seele mit unverkennbaren Zügen abbildet, kann eine solche Tendenz gar nicht haben. Aber er scheint mir von dem ganz eigenen Unglück verfolgt zu seyn, daß dergleichen Schilderungen durch den Plan seiner Dichtungen nothwendig gemacht werden. Der kalte Verstand, der den Plan entwarf, foderte sie ihm ab, und sein Gefühl scheint mir so weit entfernt, sie mit Vorliebe zu begünstigen, daß ich – in der Ausführung selbst immer noch den kalten Verstand zu erkennen glaube. Und gerade diese Kälte in der Darstellung ist ihnen in der Beurtheilung schädlich, weil nur die naive Empfindung dergleichen Schilderungen ästhetisch sowohl als moralisch rechtfertigen kann. Ob es aber dem Dichter erlaubt ist, sich bey Entwerfung des Plans einer solchen Gefahr in der Ausführung auszusetzen, und ob überhaupt ein Plan poetisch heißen kann, der, ich will dieses einmal zugeben, nicht kann ausgeführt werden, ohne die keusche Empfindung des Dichters sowohl als seines Lesers zu empören, und ohne beyde bey Gegenständen verweilen zu machen, von denen ein veredeltes Gefühl sich so gern entfernt – dieß ist es, was ich bezweifle und worüber ich gern ein verständiges Urtheil hören möchte.

** Nochmals muß ich erinnern, daß die Satyre, Elegie und Idylle, so wie sie hier als die drey einzig möglichen Arten sentimentalischer Poesie aufgestellt werden, mit den drey besondern Gedichtarten, welche man unter diesem Nahmen kennt, nichts gemein haben, als die Empfindungsweise, welche so-

Die poetische Darstellung unschuldiger und glücklicher Menschheit ist der allgemeine Begriff dieser Dichtungsart. Weil diese Unschuld und dieses Glück mit den künstlichen

wohl jenen als diesen eigen ist. Daß es aber, ausserhalb den Grenzen naiver Dichtung, nur diese dreyfache Empfindungsweise und Dichtungsweise geben könne, folglich das Feld sentimentalischer Poesie durch diese Eintheilung vollständig ausgemessen sey, läßt sich aus dem Begriff der letztern leichtlich deduciren.

Die sentimentalische Dichtung nehmlich unterscheidet sich dadurch von der naiven, daß sie den wirklichen Zustand, bey dem die letztere stehen bleibt auf Ideen bezieht, und Ideen auf die Wirklichkeit anwendet. Sie hat es daher immer, wie auch schon oben bemerkt worden ist, mit zwey streitenden Objekten, mit dem Ideale nehmlich und mit der Erfahrung, zugleich zu thun, zwischen welchen sich weder mehr noch weniger als gerade die drey folgenden Verhältnisse denken lassen. Entweder ist es der Widerspruch des wirklichen Zustandes oder es ist die Uebereinstimmung desselben mit dem Ideal, welche vorzugsweise das Gemüth beschäftigt; oder dieses ist zwischen beyden getheilt. In dem ersten Falle wird es durch die Kraft des innern Streits, durch die energische Bewegung, in dem andern wird es durch die Harmonie des innern Lebens, durch die energische Ruhe befriedigt; in dem dritten wechselt Streit mit Harmonie, wechselt Ruhe mit Bewegung. Dieser dreyfache Empfindungszustand giebt drey verschiedenen Dichtungsarten die Entstehung, denen die gebrauchten Benennungen Satyre, Idylle, Elegie vollkommen entsprechend sind, sobald man sich nur an die Stimmung erinnert, in welche die, unter diesem Nahmen vorkommenden Gedichtarten das Gemüth versetzen, und von den Mitteln abstrahirt, wodurch sie dieselbe bewirken.

Wer daher hier noch fragen könnte, zu welcher von den drey Gattungen ich die Epopee, den Roman, das Trauerspiel u. a. m. zähle, der würde mich ganz und gar nicht verstanden haben. Denn der Begriff dieser letztern, als einzelner Gedichtarten, wird entweder gar nicht oder doch nicht allein durch die Empfindungsweise bestimmt; vielmehr weiß man, daß solche in mehr als einer Empfindungsweise, folglich auch in mehrern der von mir aufgestellten Dichtungsarten können ausgeführt werden.

Schließlich bemerke ich hier noch, daß, wenn man die sentimentalische Poesie, wie billig, für eine ächte Art (nicht bloß für eine Abart) und für eine Erweiterung der wahren Dichtkunst zu halten geneigt ist, in der Bestimmung der poetischen Arten so wie überhaupt in der ganzen poetischen Gesetzgebung, welche noch immer einseitig auf die Observanz der alten und naiven Dichter gegründet wird, auch auf sie einige Rücksicht muß genommen werden. Der sentimentalische Dichter geht in zu wesentlichen Stücken von dem naiven ab, als daß ihm die Formen, welche dieser eingeführt, überall ungezwungen anpassen könnten. Freylich ist es hier schwer, die Ausnahmen, welche die Verschiedenheit der Art erfodert, von den Ausflüchten, welche das Unvermögen sich erlaubt, immer richtig zu unterscheiden, aber soviel lehrt doch die Erfahrung, daß unter den

Verhältnissen der größern Societät und mit einem gewissen
Grad von Ausbildung und Verfeinerung unverträglich
schienen, so haben die Dichter den Schauplatz der Idylle
aus dem Gedränge des bürgerlichen Lebens heraus in den
einfachen Hirtenstand verlegt, und derselben ihre Stelle
vor dem Anfange der Kultur in dem kindlichen
Alter der Menschheit angewiesen. Man begreift aber wohl,
daß diese Bestimmungen bloß zufällig sind, daß sie nicht
als der Zweck der Idylle, bloß als das natürlichste Mittel zu
demselben in Betrachtung kommen. Der Zweck selbst ist
überall nur der, den Menschen im Stand der Unschuld, d. h.
in einem Zustand der Harmonie und des Friedens mit sich
selbst und von aussen darzustellen.

Aber ein solcher Zustand findet nicht bloß vor dem Anfange der Kultur statt, sondern er ist es auch, den die Kultur,
wenn sie überall nur eine bestimmte Tendenz haben soll, als
ihr letztes Ziel beabsichtet. Die Idee dieses Zustandes allein
und der Glaube an die mögliche Realität derselben kann den
Menschen mit allen den Übeln versöhnen, denen er auf dem
Wege der Kultur unterworfen ist, und wäre sie bloß Schimäre, so würden die Klagen derer, welche die größere Societät
und die Anbauung des Verstandes bloß als ein Übel ver-
schreyen und jenen verlassenen Stand der Natur für den
wahren Zweck des Menschen ausgeben, vollkommen gegründet seyn. Dem Menschen, der in der Kultur begriffen
ist, liegt also unendlich viel daran, von der Ausführbarkeit
jener Idee in der Sinnenwelt, von der möglichen Realität jenes Zustandes eine sinnliche Bekräftigung zu erhalten, und
da die wirkliche Erfahrung, weit entfernt diesen Glauben zu
nähren, ihn vielmehr beständig widerlegt, so kömmt auch
hier, wie in so vielen andern Fällen, das Dichtungsvermögen
der Vernunft zu Hülfe, um jene Idee zur Anschauung zu
bringen und in einem einzelnen Fall zu verwirklichen.

Händen sentimentalischer Dichter (auch der vorzüglichsten) keine einzige Ge-
dichtart ganz das geblieben ist, was sie bey den Alten gewesen, und daß unter
den alten Nahmen öfters sehr neue Gattungen sind ausgeführt worden.

Zwar ist auch jene Unschuld des Hirtenstandes eine poetische Vorstellung, und die Einbildungskraft mußte sich mithin auch dort schon schöpferisch beweisen; aber außerdem daß die Aufgabe dort ungleich einfacher und leichter zu lösen war, so fanden sich in der Erfahrung selbst schon die einzelnen Züge vor, die sie nur auszuwählen und in ein Ganzes zu verbinden brauchte. Unter einem glücklichen Himmel, in den einfachen Verhältnissen des ersten Standes, bey einem beschränkten Wissen wird die Natur leicht befriedigt, und der Mensch verwildert nicht eher, als bis das Bedürfniß ihn ängstiget. Alle Völker, die eine Geschichte haben, haben ein Paradies, einen Stand der Unschuld, ein goldnes Alter; ja jeder einzelne Mensch hat sein Paradies, sein goldnes Alter, dessen er sich, je nachdem er mehr oder weniger poetisches in seiner Natur hat, mit mehr oder weniger Begeisterung erinnert. Die Erfahrung selbst bietet also Züge genug zu dem Gemählde dar, welches die Hirtenidylle behandelt. Deßwegen bleibt aber diese immer eine schöne, eine erhebende Fiction, und die Dichtungskraft hat in Darstellung derselben wirklich für das Ideal gearbeitet. Denn für den Menschen, der von der Einfalt der Natur einmal abgewichen und der gefährlichen Führung seiner Vernunft überliefert worden ist, ist es von unendlicher Wichtigkeit, die Gesetzgebung der Natur in einem reinen Exemplar wieder anzuschauen, und sich von den Verderbnissen der Kunst in diesem treuen Spiegel wieder reinigen zu können. Aber ein Umstand findet sich dabey, der den ästhetischen Werth solcher Dichtungen um sehr viel vermindert. Vor dem Anfang der Kultur gepflanzt schließen sie mit den Nachtheilen zugleich alle Vortheile derselben aus, und befinden sich ihrem Wesen nach, in einem nothwendigen Streit mit derselben. Sie führen uns also theoretisch rückwärts, indem sie uns praktisch vorwärts führen und veredeln. Sie stellen unglücklicherweise das Ziel hinter uns, dem sie uns doch entgegen führen sollten, und können uns daher bloß das traurige Gefühl ei-

nes Verlustes, nicht das fröhliche der Hoffnung einflößen.
Weil sie nur durch Aufhebung aller Kunst und nur durch
Vereinfachung der menschlichen Natur ihren Zweck ausführen, so haben sie, bey dem höchsten Gehalt für das
Herz, allzuwenig für den Geist, und ihr einförmiger
Kreis ist zu schnell geendigt. Wir können sie daher nur lieben und aufsuchen, wenn wir der Ruhe bedürftig sind,
nicht wenn unsre Kräfte nach Bewegung und Thätigkeit
streben. Sie können nur dem kranken Gemüthe Hei-
lung, dem gesunden keine Nahrung geben; sie können
nicht beleben, nur besänftigen. Diesen in dem Wesen der
Hirtenidylle gegründeten Mangel hat alle Kunst der Poeten
nicht gut machen können. Zwar fehlt es auch dieser Dichtart nicht an enthusiastischen Liebhabern, und es giebt Leser
genug, die einen Amintas und einen Daphnis den
größten Meisterstücken der epischen und dramatischen
Muse vorziehen können; aber bey solchen Lesern ist es
nicht sowohl der Geschmack als das individuelle Bedürfniß, was über Kunstwerke richtet, und ihr Urtheil kann
folglich hier in keine Betrachtung kommen. Der Leser von
Geist und Empfindung verkennt zwar den Werth solcher
Dichtungen nicht, aber er fühlt sich seltener zu denselben
gezogen und früher davon gesättigt. In dem rechten Moment des Bedürfnisses wirken sie dafür desto mächtiger;
aber auf einen solchen Moment soll das wahre Schöne niemals zu warten brauchen, sondern ihn vielmehr erzeugen.

Was ich hier an der Schäferidylle tadle, gilt übrigens nur
von der sentimentalischen; denn der naiven kann es nie an
Gehalt fehlen, da er hier in der Form selbst schon
enthalten ist. Jede Poesie nehmlich muß einen unendlichen
Gehalt haben, dadurch allein ist sie Poesie; aber sie kann
diese Foderung auf zwey verschiedene Arten erfüllen. Sie
kann ein Unendliches seyn, der Form nach, wenn sie ihren
Gegenstand mit allen seinen Grenzen darstellt,
wenn sie ihn individualisirt; sie kann ein Unendliches seyn
der Materie nach, wenn sie von ihrem Gegenstand alle

Grenzen entfernt, wenn sie ihn idealisirt; also entweder durch eine absolute Darstellung oder durch Darstellung eines Absoluten. Den ersten Weg geht der naive, den zweyten der sentimentalische Dichter. Jener kann also seinen Gehalt nicht verfehlen, sobald er sich nur treu an die Natur hält, welche immer durchgängig begrenzt, d. h. der Form nach unendlich ist. Diesem hingegen steht die Natur mit ihrer durchgängigen Begrenzung im Wege, da er einen absoluten Gehalt in den Gegenstand legen soll. Der sentimentalische Dichter versteht sich also nicht gut auf seinen Vortheil, wenn er dem naiven Dichter seine Gegenstände abborgt, welche an sich selbst völlig gleichgültig sind, und nur durch die Behandlung poetisch werden. Er setzt sich dadurch ganz unnöthigerweise einerley Grenzen mit jenem, ohne doch die Begrenzung vollkommen durchführen und in der absoluten Bestimmtheit der Darstellung mit demselben wetteifern zu können; er sollte sich also vielmehr gerade in dem Gegenstand von dem naiven Dichter entfernen, weil er diesem, was derselbe in der Form vor ihm voraus hat, nur durch den Gegenstand wieder abgewinnen kann.

Um hievon die Anwendung auf die Schäferidylle der sentimentalischen Dichter zu machen, so erklärt es sich nun, warum diese Dichtungen bey allem Aufwand von Genie und Kunst weder für das Herz noch für den Geist völlig befriedigend sind. Sie haben ein Ideal ausgeführt und doch die enge dürftige Hirtenwelt beybehalten, da sie doch schlechterdings entweder für das Ideal eine andere Welt, oder für die Hirtenwelt eine andre Darstellung hätten wählen sollen. Sie sind gerade so weit ideal, daß die Darstellung dadurch an individueller Wahrheit verliert, und sind wieder gerade um so viel individuel, daß der idealische Gehalt darunter leidet. Ein Geßnerischer Hirte z. B. kann uns nicht als Natur, nicht durch Wahrheit der Nachahmung entzücken, denn dazu ist er ein zu ideales Wesen; eben so wenig kann er uns als ein Ideal durch das unendliche des Gedankens befriedigen, denn dazu ist er ein viel zu dürftiges Geschöpf. Er wird also zwar bis auf einen gewissen Punkt allen Klassen von Lesern ohne Ausnahme gefallen, weil er das Naive mit dem Sentimentalen zu vereinigen strebt, und folglich den zwey entgegengesetzten Foderungen, die an ein Gedicht gemacht werden können, in einem gewissen Grade Genüge leistet; weil aber der Dichter, über der Bemühung, beydes zu vereinigen, keinem von beyden sein volles Recht erweist, weder ganz Natur noch ganz Ideal ist, so kann er eben deßwegen vor einem strengen Geschmack nicht ganz bestehen, der in ästhetischen Dingen nichts halbes verzeyhen kann. Es ist sonderbar, daß diese Halbheit sich auch bis auf die Sprache des genannten Dichters erstreckt, die zwischen Poesie und Prosa unentschieden schwankt, als fürchtete der Dichter in gebundener Rede, sich von der wirklichen Natur zu weit zu entfernen, und in ungebundener den poetischen Schwung zu verlieren. Eine höhere Befriedigung gewährt Miltons herrliche Darstellung des ersten Menschenpaares und des Standes der Unschuld im Paradiese; die schönste, mir bekannte Idylle in der sentimentalischen Gattung. Hier ist die Natur edel, geistreich, zugleich voll Fläche und voll Tiefe, der höchste Gehalt der Menschheit ist in die anmuthigste Form eingekleidet.

Also auch hier in der Idylle wie in allen andern poetischen Gattungen, muß man einmal für allemal zwischen der Individualität und der Idealität eine Wahl treffen, denn beyden Foderungen zugleich Genüge leisten wollen, ist, solange man nicht am Ziel der Vollkommenheit stehet, der sicherste Weg, beyde zugleich zu verfehlen. Fühlt sich der Moderne griechischen Geistes genug, um bey aller Widerspenstigkeit seines Stoffs mit den Griechen auf ihrem eigenen Felde, nehmlich im Felde naiver Dichtung, zu ringen, so thue er es ganz, und thue es ausschließend, und setze sich über jede Foderung des sentimentalischen Zeitgeschmacks hinweg. Erreichen zwar dürfte er seine Muster schwerlich; zwischen dem Original und dem glücklichsten Nachahmer wird immer eine merkliche Distanz offen bleiben, aber er ist auf diesem Wege doch gewiß, ein ächt poetisches Werk zu erzeugen*. Treibt ihn hingegen der sentimentalische Dichtungstrieb zum Ideale, so verfolge er auch dieses ganz, in völliger Reinheit, und stehe nicht eher als bey dem Höchsten stille, ohne hinter sich zu schauen, ob auch die Wirklichkeit ihm nachkommen möchte. Er verschmähe den unwürdigen Ausweg, den Gehalt des Ideals zu verschlechtern, um es der menschlichen Bedürftigkeit anzupassen, und den Geist auszuschließen, um mit dem Herzen ein leichteres Spiel zu haben. Er führe uns nicht rückwärts in unsre Kindheit, um uns mit den kostbarsten Erwerbungen des Verstandes eine Ruhe einkaufen zu lassen, die nicht länger dauren kann, als der Schlaf unsrer Geisteskräfte; sondern führe uns vorwärts zu unsrer Mündigkeit, um uns die höhere Harmonie zu empfinden zu geben, die den Kämpfer belohnet, die den Überwinder beglückt. Er mache sich die Aufgabe einer Idylle, welche jene Hirtenunschuld auch in Subjekten der Kultur und unter allen Bedingungen des rüstigsten feurigsten Lebens, des ausgebreitetsten Denkens, der raffinirtesten Kunst, der höchsten gesellschaftlichen Verfeinerung ausführt, welche mit einem Wort, den Menschen, der nun einmal nicht mehr nach A r k a d i e n zurückkann, bis nach E l i s i u m führt.

Der Begriff dieser Idylle ist der Begriff eines völlig aufgelösten Kampfes sowohl in dem einzelnen Menschen, als in der Gesellschaft, einer freyen Vereinigung der Neigungen mit dem Gesetze, einer zur höchsten sittlichen Würde hin-

---

* Mit einem solchen Werke hat Herr V o ß noch kürzlich in seiner Luise unsre deutsche Litteratur nicht bloß bereichert, sondern auch wahrhaft erweitert. Diese Idylle, obgleich nicht durchaus von sentimentalischen Einflüssen frey, gehört ganz zum naiven Geschlecht und ringt durch individuelle Wahrheit und gediegene Natur den besten griechischen Mustern mit seltnem Erfolge nach. Sie kann daher, was ihr zu hohem Ruhm gereicht, mit keinem modernen Gedicht aus ihrem Fache, sondern muß mit griechischen Mustern verglichen werden, mit welchen sie auch den so seltenen Vorzug theilt, uns einen reinen, bestimmten und immer gleichen Genuß zu gewähren.

aufgeläuterten Natur, kurz, er ist kein andrer als das Ideal
der Schönheit auf das wirkliche Leben angewendet. Ihr Charakter besteht also darinn, daß aller Gegensatz der
Wirklichkeit mit dem Ideale, der den Stoff zu der
satyrischen und elegischen Dichtung hergegeben hatte, vollkommen aufgehoben sey, und mit demselben auch aller
Streit der Empfindungen aufhöre. Ruhe wäre also der
herrschende Eindruck dieser Dichtungsart, aber Ruhe der
Vollendung, nicht der Trägheit; eine Ruhe, die aus dem
Gleichgewicht nicht aus dem Stillstand der Kräfte, die aus
der Fülle nicht aus der Leerheit fließt, und von dem Gefühle
eines unendlichen Vermögens begleitet wird. Aber eben darum, weil aller Widerstand hinwegfällt, so wird es hier ungleich schwüriger, als in den zwey vorigen Dichtungsarten,
die Bewegung hervorzubringen, ohne welche doch überall keine poetische Wirkung sich denken läßt. Die höchste
Einheit muß seyn, aber sie darf der Mannichfaltigkeit nichts
nehmen; das Gemüth muß befriedigt werden, aber ohne daß
das Streben darum aufhöre. Die Auflösung dieser Frage ist
es eigentlich, was die Theorie der Idylle zu leisten hat.

Über das Verhältniß beyder Dichtungsarten zu einander
und zu dem poetischen Ideale ist folgendes festgesetzt worden.

Dem naiven Dichter hat die Natur die Gunst erzeigt, immer als eine ungetheilte Einheit zu wirken, in jedem Moment ein selbstständiges und vollendetes Ganze zu seyn
und die Menschheit, ihrem vollen Gehalt nach, in der
Wirklichkeit darzustellen. Dem sentimentalischen hat sie
die Macht verliehen oder vielmehr einen lebendigen Trieb
eingeprägt, jene Einheit, die durch Abstraktion in ihm aufgehoben worden, aus sich selbst wieder herzustellen, die
Menschheit in sich vollständig zu machen, und aus einem
beschränkten Zustand zu einem unendlichen überzugehen*.

---

* Für den wissenschaftlich prüfenden Leser bemerke ich, daß beyde Empfindungsweisen, in ihrem höchsten Begriff gedacht, sich wie die erste und dritte

Der menschlichen Natur ihren völligen Ausdruck zu geben ist aber die gemeinschaftliche Aufgabe beyder, und ohne das würden sie gar nicht Dichter heissen können; aber der naive Dichter hat vor dem sentimentalischen immer die sinnliche Realität voraus, indem er dasjenige als eine wirkliche Thatsache ausführt, was der andere nur zu erreichen strebt. Und das ist es auch, was jeder bey sich erfährt, wenn er sich beym Genusse naiver Dichtungen beobachtet. Er fühlt alle Kräfte seiner Menschheit in einem solchen Augenblick thätig, er bedarf nichts, er ist ein Ganzes in sich selbst; ohne etwas in seinem Gefühl zu unterscheiden, freut er sich zugleich seiner geistigen Thätigkeit und seines sinnlichen Lebens. Eine ganz andre Stimmung ist es, in die ihn der sentimentalische Dichter versetzt. Hier fühlt er bloß einen lebendigen Trieb, die Harmonie in sich zu erzeugen, welche er dort wirklich empfand, ein Ganzes aus sich zu machen, die Menschheit in sich zu einem vollendeten Ausdruck zu bringen. Daher ist hier das Gemüth in Bewegung, es ist angespannt, es schwankt zwischen streitenden Gefühlen; da es dort ruhig, aufgelöst, einig mit sich selbst und vollkommen befriedigt ist.

Aber wenn es der naive Dichter dem sentimentalischen auf der einen Seite an Realität abgewinnt, und dasjenige zur wirklichen Existenz bringt, wornach dieser nur einen lebendigen Trieb erwecken kann, so hat letzterer wieder den

---

Kategorie zu einander verhalten, indem die letztere immer dadurch entsteht, daß man die erstere mit ihrem geraden Gegentheil verbindet. Das Gegentheil der naiven Empfindung ist nehmlich der reflektirende Verstand, und die sentimentalische Stimmung ist das Resultat des Bestrebens, auch unter den Bedingungen der Reflexion die naive Empfindung, dem Inhalt nach, wieder herzustellen. Dieß würde durch das erfüllte Ideal geschehen, in welchem die Kunst der Natur wieder begegnet. Geht man jene drey Begriffe nach den Kategorien durch, so wird man die Natur und die ihr entsprechende naive Stimmung immer in der ersten, die Kunst als Aufhebung der Natur durch den frey wirkenden Verstand immer in der zweiten, endlich das Ideal, in welchem die vollendete Kunst zur Natur zurückkehrt, in der dritten Kategorie antreffen.

großen Vortheil über den erstern, daß er dem Trieb einen
g r ö ß e r e n G e g e n s t a n d zu geben im Stand ist, als jener
geleistet hat und leisten konnte. Alle Wirklichkeit, wissen
wir, bleibt hinter dem Ideale zurück; alles existirende hat
seine Schranken, aber der Gedanke ist grenzenlos. Durch
diese Einschränkung, der alles sinnliche unterworfen ist,
leidet also auch der naive Dichter, da hingegen die unbedingte Freyheit des Ideenvermögens dem sentimentalischen
zu statten kommt. Jener erfüllt zwar also seine Aufgabe,
aber die Aufgabe selbst ist etwas begrenztes; dieser erfüllt
zwar die seinige nicht ganz, aber die Aufgabe ist ein unendliches. Auch hierüber kann einen jeden seine eigne Erfahrung belehren. Von dem naiven Dichter wendet man sich
mit Leichtigkeit und Lust zu der lebendigen Gegenwart;
der sentimentalische wird immer, auf einige Augenblicke,
für das wirkliche Leben verstimmen. Das macht, unser Gemüth ist hier durch das Unendliche der Idee gleichsam
über seinen natürlichen Durchmesser ausgedehnt worden,
daß nichts vorhandenes es mehr ausfüllen kann. Wir versinken lieber betrachtend in uns selbst, wo wir für den aufge-
regten Trieb in der Ideenwelt Nahrung finden; anstatt daß
wir dort aus uns heraus nach sinnlichen Gegenständen streben. Die sentimentalische Dichtung ist die Geburt der Abgezogenheit und Stille, und dazu ladet sie auch ein: die naive ist das Kind des Lebens, und in das Leben führt sie auch
zurück.

Ich habe die naive Dichtung eine G u n s t d e r N a t u r
genannt, um zu erinnern, daß die Reflexion keinen Antheil
daran habe. Ein glücklicher Wurf ist sie; keiner Verbeße-
rung bedürftig, wenn er gelingt, aber auch keiner fähig,
wenn er verfehlt wird. In der Empfindung ist das ganze
Werk des naiven Genies absolvirt; hier liegt seine Stärke
und seine Grenze. Hat es also nicht gleich dichterisch, d. h.
nicht gleich vollkommen menschlich e m p f u n d e n , so
kann dieser Mangel durch keine Kunst mehr nachgeholt
werden. Die Critik kann ihm nur zu einer Einsicht des

Fehlers verhelfen, aber sie kann keine Schönheit a n dessen Stelle setzen. Durch seine Natur muß das naive Genie alles thun, durch seine Freyheit vermag es wenig; und es wird seinen Begriff erfüllen, sobald nur die Natur in ihm nach einer innern Nothwendigkeit wirkt. Nun ist zwar alles nothwendig, was durch Natur geschieht, und das ist auch jedes noch so verunglückte Produkt des naiven Genies, von welchem nichts mehr entfernt ist als Willkührlichkeit; aber ein andres ist die Nöthigung des Augenblicks, ein andres die innre Nothwendigkeit des Ganzen. Als ein Ganzes betrachtet ist die Natur selbstständig und unendlich; in jeder einzelnen Wirkung hingegen ist sie bedürftig und beschränkt. Dieses gilt daher auch von der Natur des Dichters. Auch der glücklichste Moment, in welchem sich derselbe befinden mag, ist von einem vorhergehenden abhängig; es kann ihm daher auch nur eine bedingte Nothwendigkeit beygelegt werden. Nun ergeht aber die Aufgabe an den Dichter, einen einzelnen Zustand dem menschlichen Ganzen gleich zu machen, folglich ihn absolut und nothwendig auf sich selbst zu gründen. Aus dem Moment der Begeisterung muß also jede Spur eines zeitlichen Bedürfnisses entfernt bleiben, und der Gegenstand selbst, so beschränkt er auch sey, darf den Dichter nicht beschränken. Man begreift wohl, daß dieses nur in soferne möglich ist, als der Dichter schon eine absolute Freyheit und Fülle des Vermögens zu dem Gegenstande mitbringt, und als er geübt ist, alles mit seiner ganzen Menschheit zu umfaßen. Diese Übung kann er aber nur durch die Welt erhalten, in der er lebt, und von der er unmittelbar berührt wird. Das naive Genie steht also in einer Abhängigkeit von der Erfahrung, welche das sentimentalische nicht kennet. Dieses wissen wir, fängt seine Operation erst da an, wo jenes die seinige beschließt; seine Stärke besteht darinn, einen mangelhaften Gegenstand a u s s i c h s e l b s t h e r a u s zu ergänzen, und sich durch eigene Macht aus einem begrenzten Zustand in einen Zustand der Freyheit zu versetzen. Das

naive Dichtergenie bedarf also eines Beystandes von aussen, da das sentimentalische sich aus sich selbst nährt und
reinigt; es muß eine formreiche Natur, eine dichterische
Welt, eine naive Menschheit um sich her erblicken, da es
schon in der Sinnenempfindung sein Werk zu vollenden
hat. Fehlt ihm nur dieser Beystand von aussen, sieht es sich
von einem geistlosen Stoff umgeben, so kann nur zweyer-
ley geschehen. Es tritt entweder, wenn die Gattung bey
ihm überwiegend ist, aus seiner A r t, und wird sentimentalisch, um nur dichterisch zu seyn, oder, wenn der Artcharakter die Obermacht behält, es tritt aus seiner   G a t -
t u n g, und wird gemeine Natur, um nur Natur zu bleiben.
Das e r s t e dürfte der Fall mit den vornehmsten sentimentalischen Dichtern in der alten römischen Welt und in
neueren Zeiten seyn. In einem andern Weltalter gebohren,
unter einen andern Himmel verpflanzt, würden sie, die uns
jetzt durch Ideen rühren, durch individuelle Wahrheit und
naive Schönheit bezaubert haben. Vor dem z w e y t e n
möchte sich schwerlich ein Dichter vollkommen schützen
können, der in einer gemeinen Welt die Natur nicht verlassen kann.

Die w i r k l i c h e Natur nehmlich; aber von dieser kann
die w a h r e Natur, die das S u b j e k t naiver Dichtungen
ist, nicht sorgfältig genug unterschieden werden. Wirkliche
Natur existirt überall, aber wahre Natur ist desto seltener,
denn dazu gehört eine innere Nothwendigkeit des Da-
seyns. Wirkliche Natur ist jeder, noch so gemeine Ausbruch der Leidenschaft, er mag auch wahre Natur seyn,
aber eine wahre m e n s c h l i c h e ist er nicht; denn diese
erfodert einen Antheil des selbstständigen Vermögens an
jeder Äusserung, dessen Ausdruck jedesmal Würde ist.
Wirkliche menschliche Natur ist jede moralische Nieder-
trächtigkeit, aber wahre menschliche Natur ist sie hoffentlich nicht; denn diese kann nie anders als edel seyn. Es ist
nicht zu übersehen, zu welchen Abgeschmaktheiten diese
Verwechslung wirklicher Natur mit wahrer menschlicher

Natur in der Critik wie in der Ausübung verleitet hat: welche Trivialitäten man in der Poesie gestattet, ja lobpreist, weil sie leider! wirkliche Natur sind: wie man sich freuet, Karrikaturen, die einen schon aus der wirklichen Welt herausängstigen, in der dichterischen sorgfältig aufbewahrt, und nach dem Leben konterfeyt zu sehen. Freylich darf der Dichter auch die schlechte Natur nachahmen und bey dem satyrischen bringt dieses ja der Begriff schon mit sich: aber in diesem Fall muß seine eigne schöne Natur den Gegenstand übertragen, und der gemeine Stoff den Nachahmer nicht mit sich zu Boden ziehen. Ist nur Er selbst, in dem Moment wenigstens wo er schildert, wahre menschliche Natur, so hat es nichts zu sagen, was er uns schildert: aber auch schlechterdings nur von einem solchen können wir ein treues Gemählde der Wirklichkeit vertragen. Wehe uns Lesern, wenn die Fratze sich in der Fratze spiegelt; wenn die Geißel der Satyre in die Hände desjenigen fällt, den die Natur eine viel ernstlichere Peitsche zu führen bestimmte; wenn Menschen, die, entblößt von allem, was man poetischen Geist nennt, nur das Affentalent gemeiner Nachahmung besitzen, es auf Kosten unsers Geschmacks gräulich und schrecklich üben!

Aber selbst dem wahrhaft naiven Dichter, sagte ich, kann die gemeine Natur gefährlich werden; denn endlich ist jene schöne Zusammenstimmung zwischen Empfinden und Denken, welche den Charakter desselben ausmacht, doch nur eine Idee, die in der Wirklichkeit nie ganz erreicht wird, und auch bey den glücklichsten Genies aus dieser Klasse wird die Empfänglichkeit die Selbstthätigkeit immer um etwas überwiegen. Die Empfänglichkeit aber ist immer mehr oder weniger von dem äussern Eindruck abhängig, und nur eine anhaltende Regsamkeit des produktiven Vermögens, welche von der menschlichen Natur nicht zu erwarten ist, würde verhindern können, daß der Stoff nicht zuweilen eine blinde Gewalt über die Empfänglichkeit ausübte. So oft aber dieß der

Fall ist, wird aus einem dichterischen Gefühl ein gemeines*.

Kein Genie aus der naiven Klasse, von H o m e r biß auf
B o d m e r herab, hat diese Klippe ganz vermieden; aber
freylich ist sie denen am gefährlichsten, die sich einer gemeinen Natur von aussen zu erwehren haben, oder die
durch Mangel an Disciplin von innen verwildert sind. Jenes
ist Schuld, daß selbst gebildete Schriftsteller nicht immer
von Plattheiten frey bleiben, und dieses verhinderte schon
manches herrliche Talent, sich des Platzes zu bemächtigen,
zu dem die Natur es berufen hatte. Der Komödiendichter,

---

* Wie sehr der naive Dichter von seinem Objekt abhänge, und wie viel, ja
wie alles auf sein Empfinden ankomme, darüber kann uns die alte Dichtkunst
die beßten Belege geben. So weit die Natur in ihnen und ausser ihnen schön ist,
sind es auch die Dichtungen der Alten; wird hingegen die Natur gemein, so ist
auch der Geist aus ihren Dichtungen gewichen. Jeder Leser von feinem Gefühl
muß z. B. bey ihren Schilderungen der weiblichen Natur, des Verhältnisses
zwischen beyden Geschlechtern und der Liebe insbesondere eine gewisse Leerheit und einen Ueberdruß empfinden, den alle Wahrheit und Naivetät in der
Darstellung nicht verbannen kann. Ohne der Schwärmerey das Wort zu reden,
welche freylich die Natur nicht veredelt sondern verläßt, wird man hoffentlich
annehmen dürfen, daß die Natur in Rücksicht auf jenes Verhältniß der Geschlechter und den Affekt der Liebe eines edleren Charakters fähig ist, als ihr
die Alten gegeben haben; auch kennt man die z u f ä l l i g e n Umstände, welche
der Veredlung jener Empfindungen bey ihnen im Wege standen. Daß es Beschränktheit, nicht innere Nothwendigkeit war, was die Alten hierinn auf einer
niedrigern Stuffe fest hielt, lehrt das Beyspiel neuerer Poeten, welche soviel
weiter gegangen sind, als ihre Vorgänger, ohne doch die Natur zu übertreten.
Die Rede ist hier nicht von dem, was sentimentalische Dichter aus diesem Gegenstande zu machen gewußt haben, denn diese gehen über die Natur hinaus in
das idealische und ihr Beyspiel kann also gegen die Alten nichts beweisen; bloß
davon ist die Rede, wie der nehmliche Gegenstand von wahrhaft naiven Dichtern, wie er z. B. in der S a k o n t a l a, in den M i n n e s ä n g e r n, in manchen
R i t t e r r o m a n e n und R i t t e r e p o p e e n, wie er von S h a k e s p e a r e, von
F i e l d i n g und mehrern andern, selbst deutschen Poeten behandelt ist. Hier
wäre nun für die Alten der Fall gewesen, einen von aussen zu rohen Stoff von
innen heraus, durch das Subjekt, zu vergeistigen, den poetischen Gehalt, der
der äussern Empfindung gemangelt hatte, durch Reflexion nachzuholen, die
Natur durch die Idee zu ergänzen, mit einem Wort, durch eine sentimentalische Operation aus einem beschränkten Objekt ein unendliches zu machen.
Aber es waren naive, nicht sentimentalische Dichtergenies; ihr Werk war also
mit der äussern Empfindung geendigt.

dessen Genie sich am meisten von dem wirklichen Leben nährt, ist eben daher auch am meisten der Plattheit ausgesetzt, wie auch das Beispiel des Aristophanes und Plautus, und fast aller der spätern Dichter lehret, die in die Fußtapfen derselben getreten sind. Wie tief läßt uns nicht der erhabene Shakespeare zuweilen sinken, mit welchen Trivialitäten quälen uns nicht Lope de Vega, Moliere, Regnard, Goldoni, in welchen Schlamm zieht uns nicht Holberg hinab. Schlegel, einer der geistreichsten Dichter unsers Vaterlands, an dessen Genie es nicht lag, daß er nicht unter den ersten in dieser Gattung glänzt, Gellert, ein wahrhaft naiver Dichter, so wie auch Rabener, Lessing selbst, wenn ich ihn anders hier nennen darf, Lessing der gebildete Zögling der Critik, und ein so wachsamer Richter seiner selbst – wie büßen sie nicht alle, mehr oder weniger, den geistlosen Charakter der Natur, die sie zum Stoff ihrer Satyre erwählten. Von den neuesten Schriftstellern in dieser Gattung nenne ich keinen, da ich keinen ausnehmen kann.

Und nicht genug, daß der naive Dichtergeist in Gefahr ist, sich einer gemeinen Wirklichkeit allzusehr zu nähern – durch die Leichtigkeit, mit der er sich äußert, und durch eben diese größere Annäherung an das wirkliche Leben macht er noch dem gemeinen Nachahmer Muth, sich im poetischen Felde zu versuchen. Die sentimentalische Poesie, wiewohl von einer andern Seite gefährlich genug, wie ich hernach zeigen werde, hält wenigstens dieses Volk in Entfernung, weil es nicht jedermanns Sache ist, sich zu Ideen zu erheben; die naive Poesie aber bringt es auf den Glauben, als wenn schon die bloße Empfindung, der bloße Humor, die bloße Nachahmung wirklicher Natur den Dichter ausmache. Nichts aber ist widerwärtiger, als wenn der platte Charakter sich einfallen läßt, liebenswürdig und naiv seyn zu wollen; er, der sich in alle Hüllen der Kunst stecken sollte, um seine ekelhafte Natur zu verbergen. Daher denn auch die unsäglichen Platituden, welche sich die

Deutschen unter dem Titel von naiven und scherzhaften
Liedern vorsingen lassen, und an denen sie sich bey einer
wohlbesetzten Tafel ganz unendlich zu belustigen pflegen.
Unter dem Freybrief der Laune, der Empfindung duldet
man diese Armseligkeiten – aber einer Laune, einer Empfindung, die man nicht sorgfältig genug verbannen kann.
Die Musen an der Pleisse bilden hier besonders einen
eigenen kläglichen Chor, und ihnen wird von den Camönen an der Leine und Elbe in nicht bessern Akkorden
geantwortet*. So insipid diese Scherze sind, so kläglich läßt
sich der Affekt auf unsern tragischen Bühnen hören, welcher, anstatt die wahre Natur nachzuahmen, nur den geistlosen und unedeln Ausdruck der wirklichen erreicht; so
daß es uns nach einem solchen Thränenmahle gerade zu
Muth ist, als wenn wir einen Besuch in Spitälern abgelegt
oder Salzmanns menschliches Elend gelesen hätten.
Noch viel schlimmer steht es um die satyrische Dichtkunst,
und um den komischen Roman insbesondre, die schon ihrer Natur nach dem gemeinen Leben so nahe liegen, und
daher billig, wie jeder Grenzposten, gerade in den beßten
Händen seyn sollten. Derjenige hat wahrlich den wenigsten
Beruf, der Mahler seiner Zeit zu werden, der das Geschöpf und die Karrikatur derselben ist; aber da es
etwas so leichtes ist, irgend einen lustigen Charakter, wär es
auch nur einen dicken Mann unter seiner Bekannt-

---

* Diese guten Freunde haben es sehr übel aufgenommen, was ein Recensent
in der A. L. Z. vor etlichen Jahren an den Bürger'schen Gedichten getadelt
hat; und der Ingrimm, womit sie wider diesen Stachel lecken, scheint zu erkennen zu geben, daß sie mit der Sache jenes Dichters ihre eigene zu verfechten
glauben. Aber darinn irren sie sich sehr. Jene Rüge konnte bloß einem wahren
Dichtergenie gelten, das von der Natur reichlich ausgestattet war, aber ver-
säumt hatte, durch eigne Kultur jenes seltene Geschenk auszubilden. Ein solches Individuum durfte und mußte man unter den höchsten Maaßstab der
Kunst stellen, weil es Kraft in sich hatte, demselben, sobald es ernstlich wollte,
genug zu thun; aber es wäre lächerlich und grausam zugleich, auf ähnliche Art
mit Leuten zu verfahren, an welche die Natur nicht gedacht hat, und die mit jedem Produkt, das sie zu Markte bringen, ein vollgültiges Testimonium paupertatis aufweisen.

schaft aufzujagen, und die Fratze mit einer groben Feder auf dem Papier abzureissen, so fühlen zuweilen auch die geschworenen Feinde alles poetischen Geistes den Kitzel, in diesem Fache zu stümpern, und einen Zirkel von würdigen Freunden mit der schönen Geburt zu ergötzen. Ein rein gestimmtes Gefühl freylich wird nie in Gefahr seyn, diese Erzeugnisse einer gemeinen Natur mit den geistreichen Früchten des naiven Genies zu verwechseln; aber an dieser reinen Stimmung des Gefühls fehlt es eben, und in den meisten Fällen will man bloß ein Bedürfniß befriedigt haben, ohne daß der Geist eine Foderung machte. Der so falsch verstandene, wiewohl an sich wahre Begriff, daß man sich bey Werken des schönen Geistes e r h o l e, trägt das seinige redlich zu dieser Nachsicht bey; wenn man es anders Nachsicht nennen kann, wo nichts höheres geahnet wird, und der Leser wie der Schriftsteller auf gleiche Art ihre Rechnung finden. Die gemeine Natur nehmlich, wenn sie angespannt worden, kann sich nur in der L e e r h e i t erholen, und selbst ein hoher Grad von Verstand, wenn er nicht von einer gleichmäßigen Kultur der Empfindungen unterstützt ist, ruht von seinem Geschäfte nur in einem geistlosen Sinnengenuß aus.

Wenn sich das dichtende Genie über alle z u f ä l l i g e n Schranken, welche von jedem b e s t i m m t e n Zustande unzertrennlich sind, mit freyer Selbstthätigkeit muß erheben können, um die menschliche Natur in ihrem absoluten Vermögen zu erreichen, so darf es sich doch auf der andern Seite nicht über die n o t h w e n d i g e n Schranken hinwegsetzen, welche der Begriff einer menschlichen Natur mit sich bringt; denn das Absolute aber nur innerhalb der Menschheit ist seine Aufgabe und seine Sphäre. Wir haben gesehen, daß das naive Genie zwar nicht in Gefahr ist, diese Sphäre zu überschreiten, wohl aber s i e   n i c h t   g a n z   z u e r f ü l l e n, wenn es einer äussern Nothwendigkeit oder dem zufälligen Bedürfniß des Augenblicks zu sehr auf Unkosten der innern Nothwendigkeit Raum giebt. Das sentimentalische Genie hingegen ist der Gefahr ausgesetzt, über dem Bestreben, alle Schranken von ihr zu entfernen, die menschliche Natur ganz und gar aufzuheben, und sich nicht bloß, was es darf und soll, über jede bestimmte und begrenzte Wirklichkeit hinweg zu der absoluten Möglichkeit zu erheben oder zu idealisiren, sondern über die Möglichkeit selbst noch hinauszugehen oder zu schwärmen. Dieser Fehler der Überspannung ist eben so in der specifischen Eigenthümlichkeit seines Verfahrens wie der entgegengesetzte der Schlaffheit, in der eigenthümlichen Handlungsweise des naiven gegründet. Das naive Genie nehmlich läßt die Natur in sich unumschränkt walten, und da die Natur, in ihren einzelnen zeitlichen Äusserungen immer abhängig und bedürftig ist, so wird das naive Gefühl nicht immer exaltirt genug bleiben, um den zufälligen Bestimmungen des Augenblicks widerstehen zu können. Das sentimentalische Genie hingegen verläßt die Wirklichkeit, um zu Ideen aufzusteigen und mit freyer Selbstthätigkeit seinen Stoff zu beherrschen; da aber die Vernunft ihrem Gesetze nach immer zum Unbedingten strebt, so wird das sentimentalische Genie nicht immer nüchtern genug bleiben, um sich ununterbrochen und gleichförmig innerhalb der Bedingungen zu halten, welche der Begriff einer menschlichen Natur mit sich führt, und an welche die Vernunft auch in ihrem freyesten Wirken hier immer gebunden bleiben muß. Dieses könnte nur durch einen verhältnißmäßigen Grad von Empfänglichkeit geschehen, welche aber in dem sentimentalischen Dichtergeiste von der Selbstthätigkeit eben so sehr überwogen wird, als sie in dem Naiven die Selbstthätigkeit überwiegt. Wenn man daher an den Schöpfungen des naiven Genies zuweilen den Geist vermißt, so wird man bey den Geburten des sentimentalischen oft vergebens nach dem Gegenstande fragen. Beyde werden also, wiewohl auf ganz entgegengesetzte Weise in den Fehler der Leerheit verfallen; denn ein Gegenstand ohne Geist und ein Geistesspiel ohne Gegenstand sind beyde ein Nichts in dem ästhetischen Urtheil.

Alle Dichter, welche ihren Stoff zu einseitig aus der Gedankenwelt schöpfen, und mehr durch eine innre Ideenfülle als durch den Drang der Empfindung zum poetischen Bilden getrieben werden, sind mehr oder weniger in Gefahr, auf diesen Abweg zu gerathen. Die Vernunft zieht bey ihren Schöpfungen die Grenzen der Sinnenwelt viel zu wenig zu Rath und der Gedanke wird immer weiter getrieben, als die Erfahrung ihm folgen kann. Wird er aber so weit getrieben, daß ihm nicht nur keine bestimmte Erfahrung mehr entsprechen kann, (denn bis dahin darf und muß das Idealschöne gehen) sondern daß er den Bedingungen aller möglichen Erfahrung überhaupt widerstreitet, und daß folglich, um ihn wirklich zu machen, die menschliche Natur ganz und gar verlassen werden müßte, dann ist es nicht mehr ein poetischer, sondern ein überspannter Gedanke: vorausgesetzt nehmlich, daß er sich als darstellbar und dichterisch angekündiget habe; denn hat er dieses nicht, so ist es schon genug, wenn er sich nur nicht selbst widerspricht. Widerspricht er sich selbst, so ist er nicht mehr Überspannng, sondern Unsinn; denn was überhaupt nicht ist, das kann auch sein Maaß nicht überschreiten. Kündigt er sich aber gar nicht als ein Objekt für die Einbildungskraft an, so ist er eben so wenig Überspannung; denn das bloße Denken ist grenzenlos und was keine Grenze hat, kann auch keine überschreiten. Überspannt kann also nur dasjenige genannt werden, was zwar nicht die logische aber die sinnliche Wahrheit verletzt, und auf diese doch Anspruch macht. Wenn daher ein Dichter den unglücklichen Einfall hat, Naturen, die schlechthin übermenschlich sind, und auch nicht anders vorgestellt werden dürfen, zum Stoff seiner Schilderung zu erwählen, so kann er sich vor dem Überspannten nur dadurch sicher stellen, daß er das Poetische aufgibt und es gar nicht einmal unternimmt, seinen Gegenstand durch die Einbildungskraft ausführen zu lassen. Denn thäte er dieses, so würde entweder diese ihre Grenzen auf den Gegenstand übertragen, und aus einem absoluten Objekt ein beschränktes menschliches machen (was z. B. alle griechischen Gottheiten sind und auch seyn sollen); oder der Gegenstand würde der Einbildungskraft ihre Grenzen nehmen, d. h. er würde sie aufheben, worinn eben das Überspannte besteht.

Man muß die überspannte Empfindung von dem Überspannten in der Darstellung unterscheiden; nur von der ersten ist hier die Rede. Das Objekt der Empfindung kann unnatürlich seyn, aber sie selbst ist Natur, und muß daher auch die Sprache derselben führen. Wenn also das Überspannte in der Empfindung aus Wärme des Herzens und einer wahrhaft dichterischen Anlage fließen kann, so zeugt das Überspannte in der Darstellung jederzeit von einem kalten Herzen und sehr oft von einem poetischen Unvermögen. Es ist also kein Fehler, vor welchem das sentimentalische Dichtergenie gewarnt werden müßte, sondern der bloß dem unberufenen Nachahmer desselben drohet, daher er auch die Begleitung des Platten, Geistlosen, ja des Niedrigen keineswegs verschmäht. Die überspannte Empfindung ist gar nicht ohne Wahrheit, und als wirkliche Empfindung muß sie auch nothwendig einen realen Gegenstand haben. Sie läßt daher auch, weil sie Natur ist, einen einfachen Ausdruck zu, und wird vom Herzen kommend auch das Herz nicht verfehlen. Aber da ihr Gegenstand nicht aus der Natur geschöpft, sondern durch den Verstand einseitig und künstlich hervorgebracht ist, so hat er auch bloß logische Realität, und die Empfindung ist also nicht rein menschlich. Es ist keine Täuschung, was Heloise für Abelard, was Petrarch für seine Laura, was S. Preux für seine Julie, was Werther für seine Lotte fühlt, und was Agathon, Phanias, Peregrinus Proteus (den Wielandischen meyne ich) für ihre Ideale empfinden; die Empfindung ist wahr, nur der Gegenstand ist ein gemachter und liegt ausserhalb der menschlichen Natur. Hätte sich ihr Gefühl bloß an die sinnliche Wahrheit der Gegenstände gehalten, so würde es jenen Schwung nicht haben nehmen können; hingegen würde ein bloß willkührliches Spiel der Phantasie ohne allen innern Gehalt auch nicht im Stande gewesen seyn, das Herz zu bewegen, denn das Herz wird nur durch Vernunft bewegt. Diese Überspannung verdient also Zurechtweisung, nicht Verachtung, und wer darüber spottet, mag sich wohl prüfen, ob er nicht vielleicht aus Herzlosigkeit so klug, aus Vernunftmangel so verständig ist. So ist auch die überspannte Zärtlichkeit im Punkt der Galanterie und der Ehre, welche die Ritterromane, besonders die spanischen charakterisirt, so ist die skrupulose, bis zur Kostbarkeit getriebene Delikatesse in den französischen und englischen sentimentalischen Romanen (von der besten Gattung) nicht nur subjektiv wahr, sondern auch in objektiver Rücksicht nicht gehaltlos; es sind ächte Empfindungen, die wirklich eine moralische Quelle haben, und die nur darum verwerflich sind, weil sie die Grenzen menschlicher Wahrheit überschreiten. Ohne jene moralische Realität – wie wäre es möglich, daß sie mit solcher Stärke und Innigkeit könnten mitgetheilt werden, wie doch die Erfahrung lehrt. Dasselbe gilt auch von der moralischen und religiösen Schwärmerey, und von der exaltirten Freyheits- und Vaterlandsliebe. Da die Gegenstände dieser Empfindungen immer Ideen sind und in der äussern Erfahrung nicht erscheinen, (denn was z. B. den politischen Enthusiasten bewegt, ist nicht was er siehet, sondern was er denkt) so hat die selbstthätige Einbildungskraft eine gefährliche Freyheit und kann nicht, wie in andern Fällen, durch die sinnliche Gegenwart ihres Objekts in ihre Grenzen zurückgewiesen werden. Aber weder der Mensch überhaupt noch der Dichter insbesondre darf sich der Gesetzgebung der Natur anders entziehen, als um sich unter die entgegengesetzte der Vernunft zu begeben; nur für das Ideal darf er die Wirklichkeit verlassen, denn an einem von diesen beyden Ankern muß die Freyheit befestiget seyn. Aber der

Weg von der Erfahrung zum Ideale ist so weit, und dazwischen liegt die Phantasie mit ihrer zügellosen Willkühr. Es ist daher unvermeidlich, daß der Mensch überhaupt wie der Dichter insbesondere, wenn er sich durch die Freyheit seines Verstandes aus der Herrschaft der Gefühle begiebt, ohne durch Gesetze der Vernunft dazu getrieben zu werden, d. h. wenn er die Natur aus bloßer Freyheit verläßt, solang ohne Gesetz ist, mithin der Phantasterey zum Raube dahingegeben wird.

Daß sowohl ganze Völker als einzelne Menschen, welche der sichern Führung der Natur sich entzogen haben, sich wirklich in diesem Falle befinden, lehrt die Erfahrung, und eben diese stellt auch Beyspiele genug von einer ähnlichen Verirrung in der Dichtkunst auf. Weil der ächte sentimentalische Dichtungstrieb, um sich zum idealen zu erheben, über die Grenzen wirklicher Natur hinausgehen muß, so geht der unächte über jede Grenze überhaupt hinaus, und überredet sich, als wenn schon das wilde Spiel der Imagination die poetische Begeisterung ausmache. Dem wahrhaften Dichtergenie, welches die Wirklichkeit nur um der Idee willen verlässet, kann dieses nie oder doch nur in Momenten begegnen, wo es sich selbst verloren hat; da es hingegen durch seine Natur selbst zu einer überspannten Empfindungsweise verführt werden kann. Es kann aber durch sein Beyspiel andre zur Phantasterey verführen, weil Leser von reger Phantasie und schwachem Verstand ihm nur die Freyheiten absehen, die es sich gegen die wirkliche Natur herausnimmt, ohne ihm bis zu seiner hohen innern Nothwendigkeit folgen zu können. Es geht dem sentimentalischen Genie hier, wie wir bey dem naiven gesehen haben. Weil dieses durch seine Natur alles ausführte, was es thut, so will der gemeine Nachahmer an seiner eigenen Natur keine schlechtere Führerin haben. Meisterstücke aus der naiven Gattung werden daher gewöhnlich die plattesten und schmutzigsten Abdrücke gemeiner Natur, und Hauptwerke aus der sentimentalischen ein zahlreiches Heer phantastischer Produktionen zu ihrem

Gefolge haben, wie dieses in der Litteratur eines jeden Volks leichtlich nachzuweisen ist.

Es sind in Rücksicht auf Poesie zwey Grundsätze im Gebrauch, die an sich völlig richtig sind, aber in der Bedeutung, worinn man sie gewöhnlich nimmt, einander gerade aufheben. Von dem ersten, »daß die Dichtkunst zum Vergnügen und zur Erholung diene« ist schon oben gesagt worden, daß er der Leerheit und Platitüde in poetischen Darstellungen nicht wenig günstig sey; durch den andern Grundsatz »daß sie zur moralischen Veredlung des Menschen diene« wird das Überspannte in Schutz genommen. Es ist nicht überflüssig, beyde Principien, welche man so häufig im Munde führt, oft so ganz unrichtig auslegt und so ungeschickt anwendet, etwas näher zu beleuchten.

Wir nennen Erholung den Übergang von einem gewaltsamen Zustand zu demjenigen, der uns natürlich ist. Es kommt mithin hier alles darauf an, worein wir unsern natürlichen Zustand setzen, und was wir unter einem gewaltsamen verstehen. Setzen wir jenen lediglich in ein ungebundenes Spiel unsrer physischen Kräfte und in eine Befreyung von jedem Zwang, so ist jede Vernunftthätigkeit, weil jede einen Widerstand gegen die Sinnlichkeit ausübt, eine Gewalt, die uns geschieht, und Geistesruhe mit sinnlicher Bewegung verbunden, ist das eigentliche Ideal der Erholung. Setzen wir hingegen unsern natürlichen Zustand in ein unbegrenztes Vermögen zu jeder menschlichen Äusserung und in die Fähigkeit, über alle unsre Kräfte mit gleicher Freyheit disponiren zu können, so ist jede Trennung und Vereinzelung dieser Kräfte ein gewaltsamer Zustand, und das Ideal der Erholung ist die Wiederherstellung unseres Naturganzen nach einseitigen Spannungen. Das erste Ideal wird also lediglich durch das Bedürfniß der sinnlichen Natur, das zweyte wird durch die Selbstständigkeit der menschlichen aufgegeben. Welche von diesen beyden Arten der Erholung die Dichtkunst gewähren dürfe und müsse, möchte in der Theorie wohl keine Frage seyn;

denn niemand wird gerne das Ansehen haben wollen, als
ob er das Ideal der Menschheit dem Ideale der Thierheit
nachzusetzen versucht seyn könne. Nichts destoweniger
sind die Foderungen, welche man im wirklichen Leben an
poetische Werke zu machen pflegt, vorzugsweise von dem
sinnlichen Ideal hergenommen, und in den meisten Fällen
wird nach diesem – zwar nicht die A c h t u n g bestimmt,
die man diesen Werken erweist, aber doch die N e i g u n g
entschieden und der L i e b l i n g gewählt. Der Geisteszustand der mehresten Menschen ist auf Einer Seite anspannende und erschöpfende A r b e i t, auf der andern erschlaffender G e n u ß. Jene aber, wissen wir, macht das sinnliche
Bedürfniß nach Geistesruhe und nach einem Stillstand des
Wirkens ungleich dringender als das moralische Bedürfniß
nach Harmonie und nach einer absoluten Freyheit des Wirkens, weil vor allen Dingen erst die N a t u r befriedigt
seyn muß, ehe der G e i s t eine F o d e r u n g machen kann;
dieser bindet und lähmt die moralischen Triebe selbst, welche jene Foderung aufwerfen mußten. Nichts ist daher der
Empfänglichkeit für das wahre Schöne nachtheiliger als
diese beyden nur allzugewöhnlichen Gemüthsstimmungen
unter den Menschen, und es erklärt sich daraus, warum so
gar wenige, selbst von den Beßern, in ästhetischen Dingen
ein richtiges Urtheil haben. Die Schönheit ist das Produkt
der Zusammenstimmung zwischen dem Geist und den Sinnen, es spricht zu allen Vermögen des Menschen zugleich,
und kann daher nur unter der Voraussetzung eines vollständigen und freyen Gebrauchs aller seiner Kräfte empfunden und gewürdiget werden. Einen offenen Sinn, ein erweitertes Herz, einen frischen und ungeschwächten Geist
muß man dazu mitbringen, seine ganze Natur muß man
beysammen haben; welches keineswegs der Fall derjenigen
ist, die durch abstraktes Denken in sich selbst getheilt,
durch kleinliche Geschäftsformeln eingeenget, durch an-
strengendes Aufmerken ermattet sind. Diese verlangen
zwar nach einem sinnlichen Stoff, aber nicht um das Spiel

der Denkkräfte daran fortzusetzen, sondern um es einzustellen. Sie wollen frey seyn, aber nur von einer Last, die ihre Trägheit ermüdete, nicht von einer Schranke, die ihre Thätigkeit hemmte.

Darf man sich also noch über das Glück der Mittelmäßigkeit und Leerheit in ästhetischen Dingen, und über die Rache der schwachen Geister an dem wahren und energischen Schönen verwundern? Auf Erholung rechneten sie bey diesem, aber auf eine Erholung nach ihrem Bedürfniß und nach ihrem armen Begriff, und mit Verdruß entdecken sie, daß ihnen jetzt erst eine Kraftäußerung zugemuthet wird, zu der ihnen auch in ihrem beßten Moment das Vermögen fehlen möchte. Dort hingegen sind sie willkommen, wie sie sind, denn so wenig Kraft sie auch mitbringen, so brauchen sie doch noch viel weniger, um den Geist ihres Schriftstellers auszuschöpfen. Der Last des Denkens sind sie hier auf einmal entledigt, und die losgespannte Natur darf sich im seligen Genuß des Nichts, auf dem weichen Polster der Platitüde pflegen. In dem Tempel Thaliens und Melpomenens, so wie er bey uns bestellt ist, thront die geliebte Göttinn, empfängt in ihrem weiten Schooß den stumpfsinnigen Gelehrten und den erschöpften Geschäftsmann, und wiegt den Geist in einen magnetischen Schlaf, indem sie die erstarrten Sinne erwärmt, und die Einbildungskraft in einer süßen Bewegung schaukelt.

Und warum wollte man den gemeinen Köpfen nicht nachsehen, was selbst den Beßten oft genug zu begegnen pflegt. Der Nachlaß, welchen die Natur nach jeder anhaltenden Spannung fodert und sich auch ungefodert nimmt, (und nur für solche Momente pflegt man den Genuß schöner Werke aufzusparen) ist der ästhetischen Urtheilskraft so wenig günstig, daß unter den eigentlich beschäftigten Klassen nur äußerst wenige seyn werden, die in Sachen des Geschmacks mit Sicherheit und, worauf hier so viel ankommt, mit Gleichförmigkeit urtheilen können. Nichts ist gewöhnlicher als daß sich die Gelehrten, den gebildeten

Weltleuten gegenüber, in Urtheilen über die Schönheit die
lächerlichsten Blößen geben, und daß besonders die
Kunstrichter von Handwerk der Spott aller Kenner sind.
Ihr verwahrlostes, bald überspanntes bald rohes Gefühl
leitet sie in den mehresten Fällen falsch, und wenn sie auch
zu Vertheidigung desselben in der Theorie etwas aufgegrif-
fen haben, so können sie daraus nur technische (die
Zweckmäßigkeit eines Werks betreffende) nicht aber ästhetische Urtheile bilden, welche immer das Ganze umfassen müssen, und bey denen also die Empfindung entscheiden muß. Wenn sie endlich nur gutwillig auf die letztern Verzicht leisten und es bey den erstern bewenden
lassen wollten, so möchten sie immer noch Nutzen genug
stiften, da der Dichter in seiner Begeisterung und der empfindende Leser im Moment des Genusses das Einzelne gar
leicht vernachläßigen. Ein desto lächerlicheres Schauspiel
ist es aber, wenn diese rohen Naturen, die es mit aller
peinlichen Arbeit an sich selbst höchstens zu Ausbildung
einer einzelnen Fertigkeit bringen, ihr dürftiges Individuum zum Repräsentanten des allgemeinen Gefühls aufstel-
len, und im Schweiß ihres Angesichts – über das Schöne
richten.

Dem Begriff der Erholung, welche die Poesie zu gewähren habe, werden, wie wir gesehen, gewöhnlich viel zu
enge Grenzen gesetzt, weil man ihn zu einseitig auf das
bloße Bedürfniß der Sinnlichkeit zu beziehen pflegt. Gerade umgekehrt wird dem Begriff der Veredlung, welche
der Dichter beabsichtigen soll, gewöhnlich ein viel zu weiter Umfang gegeben, weil man ihn zu einseitig nach der
bloßen Idee bestimmt.

Der Idee nach geht nehmlich die Veredlung immer ins
Unendliche, weil die Vernunft in ihren Foderungen sich an
die nothwendigen Schranken der Sinnenwelt nicht bindet,
und nicht eher als bey dem absolut Vollkommenen stille
steht. Nichts, worüber sich noch etwas höheres denken
läßt, kann ihr Genüge leisten; vor ihrem strengen Gerichte

entschuldigt kein Bedürfniß der endlichen Natur: sie erkennt keine andern Grenzen an, als des Gedankens, und von diesem wissen wir, daß er sich über alle Grenzen der Zeit und des Raumes schwingt. Ein solches Ideal der Veredlung, welches die Vernunft in ihrer reinen Gesetzgebung vorzeichnet, darf sich also der Dichter eben so wenig als jenes niedrige Ideal der Erholung, welches die Sinnlichkeit aufstellt, zum Zwecke setzen, da er die Menschheit zwar von allen zufälligen Schranken befreyen soll, aber ohne ihren Begriff aufzuheben und ihre nothwendigen Grenzen zu verrücken. Was er über diese Linien hinaus sich erlaubt, ist Überspannung, und zu dieser eben wird er nur allzuleicht durch einen falsch verstandenen Begriff von Veredlung verleitet. Aber das schlimme ist, daß er sich selbst zu dem wahren Ideal menschlicher Veredlung nicht wohl erheben kann, ohne noch einige Schritte über dasselbe hinaus zu gerathen. Um nehmlich dahin zu gelangen, muß er die Wirklichkeit verlassen, denn er kann es, wie jedes Ideal, nur aus innern und moralischen Quellen schöpfen. Nicht in der Welt die ihn umgiebt und im Geräusch des handelnden Lebens, in seinem Herzen nur trifft er es an, und nur in der Stille einsamer Betrachtung findet er sein Herz. Aber diese Abgezogenheit vom Leben wird nicht immer bloß die zufälligen – sie wird öfters auch die nothwendigen und unüberwindlichen Schranken der Menschheit aus seinen Augen rücken, und indem er die reine Form sucht, wird er in Gefahr seyn, allen Gehalt zu verlieren. Die Vernunft wird ihr Geschäft viel zu abgesondert von der Erfahrung treiben, und was der contemplative Geist auf dem ruhigen Wege des Denkens aufgefunden, wird der handelnde Mensch auf dem drangvollen Wege des Lebens nicht in Erfüllung bringen können. So bringt gewöhnlich eben das den Schwärmer hervor, was allein im Stande war, den Weisen zu bilden, und der Vorzug des letztern möchte wohl weniger darinn bestehen, daß er das erste nicht geworden, als darinn, daß er es nicht geblieben ist.

Da es also weder dem arbeitenden Theile der Menschen
überlassen werden darf, den Begriff der Erholung nach seinem Bedürfniß, noch dem contemplativen Theile, den Begriff der Veredlung nach seinen Speculationen zu bestimmen, wenn jener Begriff nicht zu physisch und der Poesie
zu unwürdig, dieser nicht zu hyperphysisch und der Poesie
zu überschwenglich ausfallen soll – diese beyden Begriffe
aber, wie die Erfahrung lehrt, das allgemeine Urtheil über
Poesie und poetische Werke regieren, so müssen wir uns,
um sie auslegen zu lassen, nach einer Klasse von Menschen
umsehen, welche ohne zu arbeiten thätig ist, und idealisiren
kann, ohne zu schwärmen; welche alle Realitäten des Lebens mit den wenigstmöglichen Schranken desselben in
sich vereiniget, und vom Strome der Begebenheiten getragen wird, ohne der Raub desselben zu werden. Nur eine
solche Klasse kann das schöne Ganze menschlicher Natur,
welches durch jede Arbeit augenblicklich, und durch ein
arbeitendes Leben anhaltend zerstört wird, aufbewahren,
und in allem, was rein menschlich ist, durch ihre G e f ü h -
l e dem allgemeinen Urtheil Gesetze geben. Ob eine solche
Klasse wirklich existire, oder vielmehr ob diejenige, welche
unter ähnlichen äußern Verhältnissen wirklich existirt, diesem Begriffe auch im innern entspreche, ist eine andre Frage, mit der ich hier nichts zu schaffen habe. Entspricht sie
demselben nicht, so hat sie bloß sich selbst anzuklagen, da
die entgegengesetzte arbeitende Klasse wenigstens die Ge-
nugthuung hat, sich als ein Opfer ihres Berufs zu betrachten. In einer solchen Volksklasse (die ich aber hier bloß als
Idee aufstelle, und keineswegs als ein Faktum bezeichnet
haben will) würde sich der naive Charakter mit dem sentimentalischen also vereinigen, daß jeder den andern vor seinem Extreme bewahrte, und indem der erste das Gemüth
vor Überspannung schützte, der andere es vor Erschlaffung
sicher stellte. Denn endlich müssen wir es doch gestehen,
daß weder der naive noch der sentimentalische Charakter,
für sich allein betrachtet, das Ideal schöner Menschlichkeit

ganz erschöpfen, das nur aus der innigen Verbindung beyder hervorgehen kann.

Zwar so lange man beyde Charaktere biß zum dichterischen exaltirt, wie wir sie auch bißher betrachtet haben, verliert sich vieles von den ihnen adhärirenden Schranken und auch ihr Gegensatz wird immer weniger merklich,
in einem je höhern Grade sie poetisch werden; denn die
poetische Stimmung ist ein selbstständiges Ganze, in welchem alle Unterschiede und alle Mängel verschwinden.
Aber eben darum, weil es nur der Begriff des poetischen ist,
in welchem beyde Empfindungsarten zusammentreffen
können, so wird ihre gegenseitige Verschiedenheit und Bedürftigkeit in demselben Grade merklicher, als sie den poetischen Charakter ablegen; und dieß ist der Fall im gemeinen Leben. Je tiefer sie zu diesem herabsteigen, desto mehr
verlieren sie von ihrem generischen Charakter, der sie einander näher bringt, biß zuletzt in ihren Karrikaturen nur
der Artcharakter übrig bleibt, der sie einander entgegensetzt.

Dieses führt mich auf einen sehr merkwürdigen psychologischen Antagonism unter den Menschen in einem sich
kultivierenden Jahrhundert: einen Antagonism, der, weil er
radikal und in der innern Gemüthsform gegründet ist, eine
schlimmere Trennung unter den Menschen anrichtet, als
der zufällige Streit der Interessen je hervorbringen könnte,
der dem Künstler und Dichter alle Hoffnung benimmt, allgemein zu gefallen und zu rühren, was doch seine Aufgabe
ist, der es dem Philosophen, auch wenn er alles gethan hat,
unmöglich macht, allgemein zu überzeugen, was doch der
Begriff einer Philosophie mit sich bringt, der es endlich
dem Menschen im praktischen Leben niemals vergönnen
wird, seine Handlungsweise allgemein gebilliget zu sehen:
kurz einen Gegensatz, welcher Schuld ist, daß kein Werk
des Geistes und keine Handlung des Herzens bey Einer
Klasse ein entscheidendes Glück machen kann, ohne eben
dadurch bey der andern sich einen Verdammungsspruch

zuzuziehen. Dieser Gegensatz ist ohne Zweifel so alt, als
der Anfang der Kultur und dürfte vor dem Ende derselben
schwerlich anders als in einzelnen seltenen Subjekten, deren es hoffentlich immer gab und immer geben wird, beygelegt werden; aber obgleich zu seinen Wirkungen auch
diese gehört, daß er jeden Versuch zu seiner Beylegung ver-
eitelt, weil kein Theil dahin zu bringen ist, einen Mangel
auf seiner Seite und eine Realität auf der andern einzugeste-
hen, so ist es doch immer Gewinn genug, eine so wichtige
Trennung bis zu ihrer letzten Quelle zu verfolgen, und dadurch den eigentlichen Punkt des Streits wenigstens auf
eine einfachere Formel zu bringen.

Man gelangt am beßten zu dem wahren Begriff dieses
Gegensatzes, wenn man, wie ich eben bemerkte, sowohl
von dem naiven als von dem sentimentalischen Charakter
absondert, was beyde poetisches haben. Es bleibt alsdann
von dem erstern nichts übrig, als, in Rücksicht auf das
theoretische, ein nüchterner Beobachtungsgeist und eine feste Anhänglichkeit an das gleichförmige Zeugniß der Sinne;
in Rücksicht auf das praktische eine resignirte Unterwerfung unter die Nothwendigkeit (nicht aber unter die blinde
Nöthigung) der Natur: eine Ergebung also in das, was ist
und was seyn muß. Es bleibt von dem sentimentalischen
Charakter nichts übrig, als (im theoretischen) ein unruhiger
Speculationsgeist, der auf das Unbedingte in allen Erkenntnissen dringt, im praktischen ein moralischer Rigorism, der
auf dem Unbedingten in Willenshandlungen bestehet. Wer
sich zu der ersten Klasse zählt, kann ein Realist, und
wer zur andern, ein Idealist genannt werden; bey welchen Namen man sich aber weder an den guten noch
schlimmen Sinn, den man in der Metaphyik damit verbindet, erinnern darf*.

* Ich bemerke, um jeder Mißdeutung vorzubeugen, daß es bey dieser Eintheilung ganz und gar nicht darauf abgesehen ist, eine Wahl zwischen beyden,
folglich eine Begünstigung des Einen mit Ausschließung des andern zu veranlassen. Gerade diese Ausschliessung, welche sich in der Erfahrung findet,

Da der Realist durch die Nothwendigkeit der Natur sich bestimmen läßt, der Idealist durch die Nothwendigkeit der Vernunft sich bestimmt, so muß zwischen beyden dasselbe Verhältniß Statt finden, welches zwischen den Wirkungen der Natur und den Handlungen der Vernunft angetroffen wird. Die Natur, wissen wir, obgleich eine unendliche Größe im Ganzen, zeigt sich in jeder einzelnen Wirkung abhängig und bedürftig; nur in dem All ihrer Erscheinungen drückt sie einen selbstständigen großen Charakter aus. Alles individuelle in ihr ist nur deßwegen, weil etwas anderes ist; nichts springt aus sich selbst, alles nur aus dem vorhergehenden Moment hervor, um zu einem folgenden zu führen. Aber eben diese gegenseitige Beziehung der Erscheinungen auf einander sichert einer jeden das Daseyn durch das Daseyn der andern, und von der Abhängigkeit ihrer Wirkungen ist die Stätigkeit und Nothwendigkeit derselben unzertrennlich. Nichts ist frey in der Natur, aber auch nichts ist willkührlich in derselben.

Und gerade so zeigt sich der Realist, sowohl in seinem Wissen als in seinem Thun. Auf alles, was bedingungsweise existirt, erstreckt sich der Kreis seines Wissens und Wirkens, aber nie bringt er es auch weiter als zu bedingten Erkenntnissen, und die Regeln, die er sich aus einzelnen Erfahrungen bildet, gelten, in ihrer ganzen Strenge genommen, auch nur Einmal; erhebt er die Regel des Augenblicks zu einem allgemeinen Gesetz, so wird er sich unausbleiblich in Irrthum stürzen. Will daher der Realist in seinem Wissen zu etwas unbedingtem gelangen, so muß er es auf

bekämpfe ich; und das Resultat der gegenwärtigen Betrachtungen wird der Beweis seyn, daß nur durch die vollkommen gleiche Einschließung beyder dem Vernunftbegriffe der Menschheit kann Genüge geleistet werden. Uebrigens nehme ich beyde in ihrem würdigsten Sinn und in der ganzen Fülle ihres Begriffs, der nur immer mit der Reinheit desselben, und mit Beybehaltung ihrer specifischen Unterschiede bestehen kann. Auch wird es sich zeigen, daß ein hoher Grad menschlicher Wahrheit sich mit beyden verträgt, und daß ihre Abweichungen von einander zwar im einzelnen, aber nicht im Ganzen, zwar der Form aber nicht dem Gehalt nach eine Veränderung machen.

dem nehmlichen Wege versuchen, auf dem die Natur ein
unendliches wird, nehmlich auf dem Wege des Ganzen und
in dem All der Erfahrung. Da aber die Summe der Erfahrung nie völlig abgeschlossen wird, so ist eine comparative
Allgemeinheit das höchste, was der Realist in seinem Wissen erreicht. Auf die Wiederkehr ähnlicher Fälle baut er seine Einsicht, und wird daher richtig urtheilen in allem, was
in der Ordnung ist; in allem hingegen, was zum erstenmal
sich darstellt, kehrt seine Weißheit zu ihrem Anfang zurück.

Was von dem Wissen des Realisten gilt, das gilt auch von
seinem (moralischen) Handeln. Sein Charakter hat Moralität, aber diese liegt, ihrem reinen Begriffe nach, in keiner
einzelnen That, nur in der ganzen Summe seines Lebens. In
jedem besondern Fall wird er durch äußre Ursachen und
durch äußre Zwecke bestimmt werden; nur daß jene Ursachen nicht zufällig, jene Zwecke nicht augenblicklich sind,
sondern aus dem Naturganzen subjektiv fließen, und auf
dasselbe sich objektiv beziehen. Die Antriebe seines Willens sind also zwar in rigoristischem Sinne weder frey genug, noch moralisch lauter genug, weil sie etwas anders als
den blossen Willen zu ihrer Ursache und etwas anders als
das blosse Gesetz zu ihrem Gegenstand haben; aber es sind
eben so wenig blinde und materialistische Antriebe, weil
dieses andre das absolute Ganze der Natur, folglich etwas
selbstständiges und nothwendiges ist. So zeigt sich der gemeine Menschenverstand, der vorzügliche Antheil des Realisten, durchgängig im Denken und im Betragen. Aus dem
einzelnen Falle schöpft er die Regel seines Urtheils, aus einer innern Empfindung die Regel seines Thuns; aber mit
glücklichem Instinkt weiß er von beyden alles Momentane
und Zufällige zu scheiden. Bey dieser Methode fährt er im
Ganzen vortreflich und wird schwerlich einen bedeutenden
Fehler sich vorzuwerfen haben; nur auf Größe und Würde
möchte er in keinem besondern Fall Anspruch machen
können. Diese ist nur der Preis der Selbstständigkeit und

Freyheit, und davon sehen wir in seinen einzelnen Handlungen zu wenige Spuren.

Ganz anders verhält es sich mit dem Idealisten, der aus sich selbst und aus der blossen Vernunft seine Erkenntnisse und Motive nimmt. Wenn die Natur in ihren einzelnen Wirkungen immer abhängig und beschränkt erscheint, so legt die Vernunft den Charakter der Selbstständigkeit und Vollendung gleich in jede einzelne Handlung. Aus sich selbst schöpft sie alles, und auf sich selbst bezieht sie alles. Was durch sie geschieht, geschieht nur um ihrentwillen; eine absolute Größe ist jeder Begriff, den sie aufstellt, und jeder Entschluß, den sie bestimmt. Und eben so zeigt sich auch der Idealist, soweit er diesen Namen mit Recht führt, in seinem Wissen, wie in seinem Thun. Nicht mit Erkenntnissen zufrieden, die bloß unter bestimmten Voraussetzungen gültig sind, sucht er biß zu Wahrheiten zu dringen, die nichts mehr voraussetzen und die Voraussetzung von allem andern sind. Ihn befriedigt nur die philosophische Einsicht, welche alles bedingte Wissen auf ein unbedingtes zurückführt, und an dem Nothwendigen in dem menschlichen Geist alle Erfahrung befestiget; die Dinge, denen der Realist sein Denken unterwirft, muß er Sich, seinem Denkvermögen unterwerfen. Und er verfährt hierinn mit völliger Befugniß, denn wenn die Gesetze des menschlichen Geistes nicht auch zugleich die Weltgesetze wären, wenn die Vernunft endlich selbst unter der Erfahrung stünde, so würde auch keine Erfahrung möglich seyn.

Aber er kann es biß zu absoluten Wahrheiten gebracht haben, und dennoch in seinen Kenntnissen dadurch nicht viel gefördert seyn. Denn alles freylich steht zuletzt unter nothwendigen und allgemeinen Gesetzen, aber nach zufälligen und besondern Regeln wird jedes einzelne regiert; und in der Natur ist alles einzeln. Er kann also mit seinem philosophischen Wissen das Ganze beherrschen, und für das Besondre, für die Ausübung, dadurch nichts gewonnen haben: ja, indem er überall auf die o b e r s t e n Gründe dringt, durch die alles möglich wird, kann er die nächsten Gründe, durch die alles wirklich wird, leicht versäumen; indem er überall auf das Allgemeine sein Augenmerk richtet, welches die verschiedensten Fälle einander gleich macht, kann er leicht das besondre vernachläßigen, wodurch sie sich von einander unterscheiden. Er wird also sehr viel mit seinem Wissen umfassen können, und vielleicht eben deßwegen wenig fassen, und oft an Einsicht verlieren, was er an Übersicht gewinnt. Daher kommt es, daß, wenn der speculative Verstand den gemeinen um seiner Beschränktheit willen verachtet, der gemeine Verstand den speculativen seiner Leerheit wegen verlacht; denn die Erkenntnisse verlieren immer an bestimmtem Gehalt, was sie an Umfang gewinnen.

In der moralischen Beurtheilung wird man bey dem Idealisten eine reinere Moralität im einzelnen, aber weit weniger moralische Gleichförmigkeit im Ganzen, finden. Da er nur in so fern Idealist heißt, als er aus reiner Vernunft seine Bestimmungsgründe nimmt, die Vernunft aber in jeder ihrer Äußerungen sich absolut beweist, so tragen schon seine einzelnen Handlungen, sobald sie überhaupt nur moralisch sind, den ganzen Charakter moralischer Selbstständigkeit und Freyheit, und giebt es überhaupt nur im wirklichen Leben eine wahrhaft sittliche That, die es auch vor einem rigoristischen Urtheil bliebe, so kann sie nur von dem Idealisten ausgeübt werden. Aber je reiner die Sittlichkeit seiner einzelnen Handlungen ist, desto zufälliger ist sie auch; denn Stätigkeit und Nothwendigkeit ist zwar der Charakter der Natur aber nicht der Freyheit. Nicht zwar, als ob der Idealism mit der Sittlichkeit je in Streit gerathen könnte, welches sich widerspricht; sondern weil die menschliche Natur eines consequenten Idealism gar nicht fähig ist. Wenn sich der Realist, auch in seinem moralischen Handeln, einer physischen Nothwendigkeit ruhig und gleichförmig unterordnet, so muß der Idealist einen Schwung nehmen, er muß augenblicklich seine Natur exaltiren, und er vermag nichts, als in sofern er begeistert ist. Alsdann freylich vermag er auch desto mehr, und sein Betragen wird einen Charakter von Hoheit und Größe zeigen, den man in den Handlungen des Realisten vergeblich sucht. Aber das wirkliche Leben ist keinesweges geschickt, jene Begeisterung in ihm zu wecken und noch viel weniger sie gleichförmig zu nähren. Gegen das Absolutgroße, von dem er jedesmal ausgeht, macht das Absolutkleine des einzelnen Falles, auf den er es anzuwenden hat, einen gar zu starken Absatz. Weil sein Wille der Form nach immer auf das Ganze gerichtet ist, so will er ihn, der Materie nach, nicht auf Bruchstücke richten, und doch sind es mehrentheils nur geringfügige Leistungen, wodurch er seine moralische Gesinnung beweisen kann. So geschieht es denn nicht selten, daß er über dem unbegrenzten Ideale den begrenzten Fall der Anwendung übersiehet, und, von einem Maximum erfüllt, das Minimum verabsäumt, aus dem allein doch alles Große in der Wirklichkeit erwächst.

Will man also dem Realisten Gerechtigkeit wiederfahren lassen, so muß man ihn nach dem ganzen Zusammenhang seines Lebens richten; will man sie dem Idealisten erweisen, so muß man sich an einzelne Äusserungen desselben halten, aber man muß diese erst herauswählen. Das gemeine Urtheil, welches so gern nach dem einzelnen entscheidet, wird daher über den Realisten gleichgültig schweigen, weil seine einzelnen Lebensakte gleich wenig Stoff zum Lob und zum Tadel geben; über den Idealisten hingegen wird es immer Parthey ergreifen, und zwischen Verwerfung und Bewunderung sich theilen, weil in dem einzelnen sein Mangel und seine Stärke liegt.

Es ist nicht zu vermeiden, daß bey einer so großen Abweichung in den Principien beyde Partheyen in ihren Urtheilen einander nicht oft gerade entgegengesetzt seyn, und, wenn sie selbst in den Objekten und Resultaten übereinträfen, nicht in den Gründen auseinander seyn sollten. Der Realist wird fragen, wozu eine Sache gut sey? und

die Dinge nach dem, was sie werth sind, zu taxiren wissen:
der Idealist wird fragen, ob sie gut sey? und die Dinge nach dem taxiren, was sie würdig sind. Von dem, was
seinen Werth und Zweck in sich selbst hat (das Ganze jedoch immer ausgenommen) weiß und hält der Realist nicht
viel; in Sachen des Geschmacks wird er dem Vergnügen, in
Sachen der Moral wird er der Glückseligkeit das Wort reden, wenn er diese gleich nicht zur Bedingung des sittlichen
Handelns macht; auch in seiner Religion vergißt er seinen
Vortheil nicht gern, nur daß er denselben in dem Ideale
des höchsten Guts veredelt und heiligt. Was er liebt,
wird er zu beglücken, der Idealist wird es zu veredeln suchen. Wenn daher der Realist in seinen politischen Tendenzen den Wohlstand bezweckt, gesetzt daß
es auch von der moralischen Selbstständigkeit des Volks etwas kosten sollte, so wird der Idealist, selbst auf Gefahr des
Wohlstandes, die Freyheit zu seinem Augenmerk machen. Unabhängigkeit des Zustandes ist jenem, Unabhängigkeit von dem Zustande ist diesem das höchste
Ziel, und dieser charakteristische Unterschied läßt sich
durch ihr beyderseitiges Denken und Handeln verfolgen.
Daher wird der Realist seine Zuneigung immer dadurch
beweisen, daß er giebt, der Idealist dadurch, daß er
empfängt; durch das, was er in seiner Großmuth aufop-
fert, verräth jeder, was er am höchsten schätzt. Der Idealist
wird die Mängel seines Systems mit seinem Individuum
und seinem zeitlichen Zustand bezahlen, aber er achtet dieses Opfer nicht; der Realist büßt die Mängel des seinigen
mit seiner persönlichen Würde, aber er erfährt nichts von
diesem Opfer. Sein System bewährt sich an allem, wovon er
Kundschaft hat, und wornach er ein Bedürfniß empfindet –
was bekümmern ihn Güter, von denen er keine Ahnung
und an die er keinen Glauben hat? Genug für ihn, er ist im
Besitze, die Erde ist sein, und es ist Licht in seinem Verstande, und Zufriedenheit wohnt in seiner Brust. Der Idealist hat lange kein so gutes Schicksal. Nicht genug, daß er

oft mit dem Glücke zerfällt, weil er versäumte, den Moment zu seinem Freunde zu machen, er zerfällt auch mit sich selbst, weder sein Wissen, noch sein Handeln kann ihm Genüge thun. Was er von sich fodert, ist ein Unendliches, aber beschränkt ist alles, was er leistet. Diese Strenge, die er gegen sich selbst beweist, verläugnet er auch nicht in seinem Betragen gegen andre. Er ist zwar großmüthig, weil er sich Andern gegenüber, seines Individuums weniger erinnert, aber er ist öfters unbillig, weil er das Individuum eben so leicht in andern übersieht. Der Realist hingegen ist weniger großmüthig, aber er ist billiger, da er alle Dinge mehr in ihrer Begrenzung beurtheilt. Das Gemeine, ja selbst das Niedrige im Denken und Handeln kann er verzeyhen, nur das Willkührliche, das Eccentrische nicht; der Idealist hingegen ist ein geschworner Feind alles Kleinlichen und Platten, und wird sich selbst mit dem Extravaganten und Ungeheuren versöhnen, wenn es nur von einem großen Vermögen zeugt. Jener beweist sich als Menschenfreund, ohne eben einen sehr hohen Begriff von den Menschen und der Menschheit zu haben; dieser denkt von der Menschheit so groß, daß er darüber in Gefahr kommt, die Menschen zu verachten.

Der Realist für sich allein würde den Kreis der Menschheit nie über die Grenzen der Sinnenwelt hinaus erweitert, nie den menschlichen Geist mit seiner selbstständigen Größe und Freyheit bekannt gemacht haben; alles Absolute in der Menschheit ist ihm nur eine schöne Schimäre und der Glaube daran nicht viel besser als Schwärmerey, weil er den Menschen niemals in seinem reinen Vermögen, immer nur in einem bestimmten und, eben darum begrenzten Wirken erblickt. Aber der Idealist für sich allein würde eben so wenig die sinnlichen Kräfte cultivirt und den Menschen als Naturwesen ausgebildet haben, welches doch ein gleich wesentlicher Theil seiner Bestimmung, und die Bedingung aller moralischen Veredlung ist. Das Streben des Idealisten geht viel zu sehr über das sinnliche Leben und über die Ge-

genwart hinaus; für das Ganze nur, für die Ewigkeit will er
säen und pflanzen; und vergißt darüber, daß das Ganze nur
der vollendete Kreis des Individuellen, daß die Ewigkeit
nur eine Summe von Augenblicken ist. Die Welt, wie der
Realist sie um sich herum bilden möchte, und wirklich bildet, ist ein wohlangelegter Garten, worinn alles nützt, alles
seine Stelle verdient, und was nicht Früchte trägt verbannt
ist; die Welt unter den Händen des Idealisten ist eine weniger benutzte aber in einem größeren Charakter ausgeführte
Natur. Jenem fällt es nicht ein, daß der Mensch noch zu etwas anderm da seyn könne, als wohl und zufrieden zu leben; und daß er nur deßwegen Wurzeln schlagen soll, um
seinen Stamm in die Höhe zu treiben. Dieser denkt nicht
daran, daß er vor allen Dingen wohl leben muß, um gleichförmig gut und edel zu denken, und daß es auch um den
Stamm gethan ist, wenn die Wurzeln fehlen.

Wenn in einem System etwas ausgelassen ist, wornach
doch ein dringendes und nicht zu umgehendes Bedürfniß
in der Natur sich vorfindet, so ist die Natur nur durch eine
Inconsequenz gegen das System zu befriedigen. Einer solchen Inconsequenz machen auch hier beyde Theile sich
schuldig, und sie beweist, wenn es bis jetzt noch zweifel-
haft geblieben seyn könnte, zugleich die Einseitigkeit beyder Systeme und den reichen Gehalt der menschlichen Natur. Von dem Idealisten brauch ich es nicht erst insbesondere darzuthun, daß er nothwendig aus seinem System treten
muß, sobald er eine bestimmte Wirkung bezweckt; denn
alles bestimmte Daseyn steht unter zeitlichen Bedingungen
und erfolgt nach empirischen Gesetzen. In Rücksicht auf
den Realisten hingegen könnte es zweifelhafter scheinen,
ob er nicht auch schon innerhalb seines Systems allen
nothwendigen Foderungen der Menschheit Genüge leisten
kann. Wenn man den Realisten fragt: warum thust du was
recht ist und leidest was nothwendig ist? so wird er im
Geist seines Systems darauf antworten: weil es die Natur so
mit sich bringt, weil es so seyn muß. Aber damit ist die

Frage noch keineswegs beantwortet, denn es ist nicht davon die Rede, was die Natur mit sich bringt, sondern was der Mensch will; denn er kann ja auch nicht wollen, was seyn muß. Man kann ihn also wieder fragen: Warum willst du denn, was seyn muß? Warum unterwirft sich dein freyer Wille dieser Naturnothwendigkeit, da er sich ihr eben so gut, (wenn gleich ohne Erfolg, von dem hier auch gar nicht die Rede ist) entgegensetzen könnte, und sich in Millionen deiner Brüder derselben wirklich entgegensetzt? Du kannst nicht sagen, weil alle andern Naturwesen sich derselben unterwerfen, denn du allein hast einen Willen, ja du fühlst, daß deine Unterwerfung eine freywillige seyn soll. Du unterwirfst dich also, wenn es freywillig geschieht, nicht der Naturnothwendigkeit selbst, sondern der Idee derselben; denn jene zwingt dich bloß blind, wie sie den Wurm zwingt, deinem Willen aber kann sie nichts anhaben, da du, selbst von ihr zermalmt, einen andern Willen haben kannst. Woher bringst du aber jene Idee der Naturnothwendigkeit? aus der Erfahrung doch wohl nicht, die dir nur einzelne Naturwirkungen aber keine Natur (als Ganzes) und nur einzelne Wirklichkeiten aber keine Nothwendigkeit liefert. Du gehst also über die Natur hinaus, und bestimmst dich idealistisch, so oft du entweder moralisch handeln oder nur nicht blind leiden willst. Es ist also offenbar, daß der Realist würdiger handelt, als er seiner Theorie nach zugiebt, so wie der Idealist erhabener denkt, als er handelt. Ohne es sich selbst zu gestehen, beweist jener durch die ganze Haltung seines Lebens die Selbstständigkeit, dieser durch einzelne Handlungen die Bedürftigkeit der menschlichen Natur.

Einem aufmerksamen und partheylosen Leser werde ich nach der hier gegebenen Schilderung (deren Wahrheit auch derjenige eingestehen kann, der das Resultat nicht annimmt) nicht erst zu beweisen brauchen, daß das Ideal menschlicher Natur unter beyde vertheilt, von keinem aber völlig erreicht ist. Erfahrung und Vernunft haben beyde ihre eigenen Gerechtsame, und keine kann in das Gebiet der andern einen Eingriff thun, ohne entweder für den innern oder äussern Zustand des Menschen schlimme Folgen anzurichten. Die Erfahrung allein kann uns lehren, was unter gewissen Bedingungen ist, was unter bestimmten Voraussetzungen erfolgt, was zu bestimmten Zwecken geschehen muß. Die Vernunft allein kann uns hingegen lehren, was ohne alle Bedingung gilt, und was nothwendig seyn muß. Maßen wir uns nun an, mit unserer bloßen Vernunft über das äußre Daseyn der Dinge etwas ausmachen zu wollen, so treiben wir bloß ein leeres Spiel und das Resultat wird auf Nichts hinauslaufen; denn alles Daseyn steht unter Bedingungen und die Vernunft bestimmt unbedingt. Lassen wir aber ein zufälliges Ereigniß über dasjenige entscheiden, was schon der bloße Begriff unsers eigenen Seyns mit sich bringt, so machen wir uns selber zu einem leeren Spiele des Zufalls und unsre Persönlichkeit wird auf Nichts hinauslaufen. In dem ersten Fall ist es also um den Werth (den zeitlichen Gehalt) unsers Lebens, in dem zweyten um die Würde (den moralischen Gehalt) unsers Lebens gethan.

Zwar haben wir in der bißherigen Schilderung dem Realisten einen moralischen Werth und dem Idealisten einen Erfahrungsgehalt zugestanden, aber bloß in sofern beyde nicht ganz consequent verfahren und die Natur in ihnen mächtiger wirkt als das System. Obgleich aber beyde dem Ideal vollkommener Menschheit nicht ganz entsprechen, so ist zwischen beyden doch der wichtige Unterschied, daß der Realist zwar dem Vernunftbegriff der Menschheit in keinem einzelnen Falle Genüge leistet, dafür aber dem Verstandesbegriff derselben auch niemals widerspricht, der Idealist hingegen zwar in einzelnen Fällen dem höchsten Begriff der Menschheit näher kommt, dagegen aber nicht selten sogar unter dem niedrigsten Begriffe derselben bleibet. Nun kommt es aber in der Praxis des Lebens weit mehr darauf an, daß das Ganze gleichförmig menschlich gut als daß das Einzelne zufällig göttlich sey – und

wenn also der Idealist ein geschickteres Subjekt ist, uns von
dem, was der Menschheit möglich ist, einen großen Begriff
zu erwecken und Achtung für ihre Bestimmung einzuflö-
ßen, so kann nur der Realist sie mit Stätigkeit in der Erfahrung ausführen, und die Gattung in ihren ewigen Grenzen
erhalten. Jener ist zwar ein edleres aber ein ungleich weniger vollkommenes Wesen; dieser erscheint zwar durchgängig weniger edel, aber er ist dagegen desto vollkommener;
denn das Edle liegt schon in dem Beweis eines großen Vermögens, aber das Vollkommene liegt in der Haltung des
Ganzen und in der wirklichen That.

Was von beyden Charakteren in ihrer beßten Bedeutung
gilt, das wird noch merklicher in ihren beyderseitigen
K a r r i k a t u r e n. Der wahre Realism ist wohlthätig in seinen Wirkungen und nur weniger edel in seiner Quelle; der
falsche ist in seiner Quelle verächtlich und in seinen Wirkungen nur etwas weniger verderblich. Der wahre Realist
nehmlich unterwirft sich zwar der Natur und ihrer Nothwendigkeit; aber der Natur als einem Ganzen, aber ihrer
ewigen und absoluten Nothwendigkeit, nicht ihren blinden
und augenblicklichen N ö t h i g u n g e n. Mit Freyheit um-
faßt und befolgt er ihr Gesetz, und immer wird er das individuelle dem allgemeinen unterordnen; daher kann es auch
nicht fehlen, daß er mit dem ächten Idealisten in dem endlichen Resultat übereinkommen wird, wie verschieden auch
der Weg ist, welchen beyde dazu einschlagen. Der gemeine
Empiriker hingegen unterwirft sich der Natur als einer
Macht, und mit wahlloser blinder Ergebung. Auf das Einzelne sind seine Urtheile, seine Bestrebungen beschränkt; er
glaubt und begreift nur, was er betastet, er schätzt nur, was
ihn sinnlich verbessert. Er ist daher auch weiter nichts, als
was die äußern Eindrücke zufällig aus ihm machen wollen,
seine Selbstheit ist unterdrückt, und als Mensch hat er absolut keinen Werth und keine Würde. Aber als Sache ist er
noch immer etwas, er kann noch immer zu etwas gut seyn.
Eben die Natur, der er sich blindlings überliefert, läßt ihn

nicht ganz sinken; ihre ewigen Grenzen schützen ihn, ihre unerschöpflichen Hülfsmittel retten ihn, sobald er seine Freyheit nur ohne allen Vorbehalt aufgiebt. Obgleich er in diesem Zustand von keinen Gesetzen weiß, so walten diese doch unerkannt über ihm, und wie sehr auch seine einzelnen Bestrebungen mit dem Ganzen im Streit liegen mögen, so wird sich dieses doch unfehlbar dagegen zu behaupten wissen. Es giebt Menschen genug, ja wohl ganze Völker, die in diesem verächtlichen Zustande leben, die bloß durch die Gnade des Naturgesetzes, ohne alle Selbstheit bestehen, und daher auch nur z u e t w a s gut sind, aber daß sie auch nur leben und bestehen beweist, daß dieser Zustand nicht ganz gehaltlos ist.

Wenn dagegen schon der wahre Idealism in seinen Wirkungen unsicher und öfters gefährlich ist, so ist der falsche in den seinigen schrecklich. Der wahre Idealist verläßt nur deßwegen die Natur und Erfahrung, weil er hier das unwandelbare und unbedingt nothwendige nicht findet, wornach die Vernunft ihn doch streben heißt; der Phantast verläßt die Natur aus bloßer Willkühr, um dem Eigensinne der Begierden und den Launen der Einbildungskraft desto ungebundener nachgeben zu können. Nicht in die Unabhängigkeit von physischen Nöthigungen, in die Lossprechung von moralischen setzt er seine Freyheit. Der Phantast verläugnet also nicht bloß den menschlichen – er verläugnet allen Charakter, er ist völlig ohne Gesetz, er ist also gar nichts und dient auch zu gar nichts. Aber eben darum, weil die Phantasterey keine Ausschweifung der Natur sondern der Freyheit ist, also aus einer an sich achtungswürdigen Anlage entspringt, die ins unendliche perfektibel ist, so führt sie auch zu einem unendlichen Fall in eine bodenlose Tiefe, und kann nur in einer völligen Zerstörung sich endigen.

Anhang

Anmerkungen

7,1 *Es giebt Augenblicke:* In der *Horen*-Fassung lautete der Titel des ersten Teils der Abhandlung noch »Über das Naive«.

7,19 *Affectation:* eine künstliche oder auch gekünstelte Gemütsverfassung.

7,19 f. *zufälliges Interesse:* eine Absicht, die das Wohlgefallen an der Natur stört.

7,26 *Kunst:* Hier wird – wie im folgenden – der Begriff der ›Kunst‹ nicht im üblichen Sinne gebraucht, sondern als »künstlicher Zustand der Kultur« (manchmal auch als »Künsteley« oder »Verstellung«) verstanden, um die Einfalt der Natur und den Naturzustand der Menschheit mit späteren Phasen der Kultur und Zivilisation zu kontrastieren.

8,12 *Idee:* Die Idee der Freiheit, die der Natur vom Betrachter untergelegt wird. Darin folgt Schiller Kant, wie die Fußnote belegt.

8,24 *Sie sind, was wir waren:* Nicht eine Rückkehr zur Natur im Sinne Rousseaus, sondern ein geschichtsphilosophisches Modell, das Natur und Vernunft harmonisch verbinden soll.

8,26 *Kant: Kritik der Urteilskraft* § 42. Obwohl Schiller sich bis in einzelne Formulierungen von Kant anregen ließ, beschränkt er sich nicht wie Kant auf das Naturschöne, sondern fragt nach der Natur als einer Erfahrung des Naiven.

10,4 *empfindsamen Reisen:* Romangattung, die in Nachfolge von Lawrence Sternes (1713–68) *Sentimental Journey* (1768) auch in Deutschland zahlreiche Nachahmer fand.

10,33–35 *Bestimmung/Bestimmbarkeit:* Der beschränkenden Bestimmung des Menschen durch seine Lebensumstände wird die »gränzenlose Bestimmbarkeit« des Kindes gegenübergestellt: ein Zustand (wie aus den Briefen *Über die ästhetische Erziehung des Menschen,* 19.–21. Brief, hervorgeht), der noch nicht eingeschränkt ist und dem noch alle Möglichkeiten offen stehen.

11,27 *Unvermögen: Horen*-Fassung: »theoretisches Unvermögen«.

11,32 *Einfachheit: Horen*-Fassung: »hohe Einfachheit«.

12,4 *Kant: Kritik der Urteilskraft* § 34.

13,22 f. *der Begriff des Naiven:* s. »Entstehungsgeschichte« und »Kommentar« im vorliegenden Band.

14,4 f. *Nothdurft:* physische Not, Zwang.

14,28 *Manierierten:* gekünstelte Umgangsformen.

14,29 f. *dispensiert:* befreit.

17,3 *Ingenuität:* Ursprünglichkeit, Echtheit.

17,4 *Schäferwelt:* fiktive Welt der Schäferpoesie mit ihrer idyllischen Natürlichkeit.

17,12 f. *Adrian des Sechsten:* Papst Hadrian VI. (1522–23), aus Utrecht, Erzieher Karls V., Lehrer des Erasmus von Rotterdam und vor seiner Wahl zum Papst Professor in Löwen.

17,13 *Herr Schröckh:* Johann Matthias Schröckh (1733–1808), Kirchenhistoriker in Wien, der eine *Allgemeine Biographie* in acht Bänden verfaßte (1767–98). Das folgende Zitat aus Bd. 5.

17,34 f. *dißimulieren:* vertuschen, verhehlen.

18,17 *Klerisey:* Geistlichkeit, Klerus.

19,10 *Genie:* Schiller folgt hier Kants Bestimmung des Genies (*Kritik der Urteilskraft* §§ 46–50), wonach Genie ein Talent (Naturgabe) sei, »welches der Kunst die Regel gibt« (§ 46). Es ahme nicht nach, und Originalität sei daher seine erste Eigenschaft. Seine Produkte gelten als Muster, d. h. sie sind »exemplarisch«. Die Natur gibt dem Genie die Regel, ohne daß es darüber reflektieren oder sie erklären kann (ebd.)

19,28 *Simplicität:* Einfachheit.

19,28 f. *Ey des Columbus:* Christoph Kolumbus (1451–1506), Entdecker Amerikas, löste die Aufgabe, ein Ei aufrecht zu stellen, indem er seine Spitze eindrückte. Hier sprichwörtlich für die überraschende Lösung eines anscheinend unlösbaren Problems.

20,4 *decent:* wohlanständig, respektabel.

20,11 *blöde:* schüchtern, einfältig.

20,16 *Sophokles:* griechischer Dramatiker (496–406 v. Chr.).
Archimed: Archimedes von Syrakus (um 287 – 212 v. Chr.), griechischer Mathematiker.
Hippokrates: griechischer Arzt (460–377 v. Chr.) und Begründer der medizinischen Wissenschaft.

20,17 *Ariost:* Ludovico Ariosto (1474–1533), italienischer Dichter am Hofe Alphons I. von Ferrara, Verfasser des Epos *Orlando Furioso* (1516–21, 1532).
Dante: Dante Alighieri (1265–1321), italienischer Dichter, Hauptwerk: *Divina Commedia* (1307–21).

20,17 f. *Tasso:* Torquato Tasso (1554–95), italienischer Dichter am Hofe der Este in Ferrara, Verfasser des Epos *La Gerusalemme liberata* (1581).

20,18 *Raphael:* Raffaello Santi (1483–1520), italienischer Maler der Renaissance.

Albrecht Dürer: deutscher Maler und Graphiker (1471–1528).

20,18 f. *Zervantes:* Miguel de Cervantes Saavedra (1547–1616), spanischer Dichter, Hauptwerk: *El Ingenioso Hildalgo Don Quijote de la Mancha* (1605–15).

20,19 *Shakespear:* William Shakespeare (1564–1616), englischer Dramatiker.

Fielding: Henry Fielding (1707–54), englischer Romanautor; z. B. *Tom Jones* (1749).

Sterne: Lawrence Sterne (1713–68), englischer Romancier: *Sentimental Journey* (1768), *The Life and Opinons of Tristram Shandy* (1760–67).

20,24 f. *Epaminondas:* thebanischer Feldherr (um 418 – 362 v. Chr.).

20,25 *Julius Cäsar:* Gaius Iulius Caesar (100–44 v. Chr.), römischer Feldherr und Staatsmann.

20,26 *Heinrich den Vierten:* König von Frankreich, 1589–1610.

20,26 f. *Gustav Adolph:* Gustav Adolf (1594–1632), König von Schweden.

20,27 f. *Czar Peter den Großen:* Peter I. (1672–1725), Zar von Rußland 1689–1725.

20,28 *Marlborough:* John Churchill Herzog von Malborough (1650–1722), englischer Feldherr.

20,28 f. *Türenne / Vendome:* französische Generäle unter Ludwig XIV.

21,23 *heterogen:* von außen bestimmt, wesensfremd.

23,5 *Prärogativ:* Vorrecht.

24,20 f. *Gesetz:* moralisches Gesetz, Kants kategorischer Imperativ.

25,11 f. *sentimentalischen Interesse:* hier erstmals der Gegen- oder auch Komplementärbegriff zum Naiven als eine Erfahrung oder auch Empfindungsweise des modernen Dichters.

26,36 *Ossians Menschenwelt:* geglückte Literaturfälschung des Schotten James Macpherson (1736–96), der 1760 unter dem Namen des sagenhaften gälischen Sängers Ossian Bardengesänge herausgab (mit großem Einfluß auf die Sturm-und-Drang-Generation, also Herder, Hamann, Goethe u. a.).

27,22 *Sauhirt den Ulysses bewirthen ließ:* vgl. Homer, *Odyssee* 14,72 ff.

27,23 *die Seele des jungen Werthers bewegte:* vgl. Goethe, *Die Leiden des jungen Werthers*, 2. Buch, Brief vom 15. März 1772.

28,13 *Euripides:* griechischer Dramatiker (480–406 v. Chr.).

28,14 *Äschylus:* Aischylos (6.–5. Jh. v. Chr.), Schöpfer der griechischen Tragödie.

28,17 *Horatz:* Quintus Horatius Flaccus (Horaz, 65–8 v. Chr.), römischer Dichter und Poetologe.

28,19 *Tibur:* Landsitz des Horaz, das heutige Tivoli.

28,22 *Properz:* Sextus Aurelius Propertius (um 50–15 v. Chr.), römischer Elegiendichter.
    Virgil: Publius Vergilius Maro (Vergil, 70–19 v. Chr.), römischer Dichter.

28,23 *Ovid:* Publius Ovidius Naso (43–18 n. Chr.), römischer Dichter, wurde von Augustus nach *Tomi* (das heutige Konstanza) am Schwarzen Meer verbannt.

29,9 *Diana:* römische Göttin der Jagd.

29,11 *umfassen will:* In der *Horen*-Fassung folgt noch: »Nichts erwidert er, nichts kann ihn schmelzen oder den strengen Gürtel seiner Züchtigkeit lösen.«

29,24 *in einem sehr frühen Alter:* 1775 auf der Karlschule.

30,14 *in einer noch spätern Periode:* 1788 in Rudolstadt.

31,19–33 *Also … Freundschaft:* Homer, *Ilias* 6,224–233.

31,34 *Der rasende Roland:* Schillers Übersetzung.

32,11–16 *Doch … die andern:* Homer, *Ilias* 6,234–236.

32,23 *Societät:* Gesellschaft.

33,7 *Der Dichter:* Damit beginnt der zweite Teil der Abhandlung; in der *Horen*-Fassung: »Die sentimentalischen Dichter«.

33,28 *Witzes:* geistreich elegante Form der Literatur, wie sie im 18. Jahrhundert – unter französischem Einfluß (*esprit*) – auch in Deutschland zu einem Stilprinzip wurde.

33,35 f. *reine … nicht rohe Natur:* Schiller unterscheidet also zwischen reiner (auch *wahrer*) Natur, an der wir ein moralisches Interesse nehmen, und roher (auch *wirklicher*) Natur, die sich durch ihre bloße Existenz auszeichnet.

34,14 f. *existirt jetzt bloß idealisch:* als regulative Idee, der man sich nur unendlich annähern kann.

35,1 f. *eine eigene Ausführung:* in den gerade abgeschlossenen Briefen *Über die ästhetische Erziehung des Menschen.*

35,31 *Manier:* Stil oder, in Schillers Terminologie, »Empfindungsweise«.

36,30 *Moliere:* Jean-Baptiste Poquelin, genannt Molière (1622–73), französischer Komödiendichter, der seine Stücke zuerst seiner Haushälterin vorgelesen haben soll.

36,33 *Kothurns:* Kothurn: im antiken Trauerspiel hohe Schuhe oder Stelzen, die den Schauspieler überlebensgroß erscheinen ließen; hier im übertragenen Sinne: pathetischer Stil.

37,6 *Milton:* John Milton (1608–74), englischer Dichter, Hauptwerk: *Paradise Lost* (1667).

Klopstock: Friedrich Gottlieb Klopstock (1724–1803), einer der einflußreichsten deutschen Dichter des 18. Jahrhunderts: *Messias* (1748–73), Oden, Dramen.

37,33 *kritischen Bibliotheken:* Rezensionsjournale des 18. Jahrhunderts, die Schillers *Horen* kritisiert hatten.

38,6 *hinter sich lassen:* In der *Horen*-Fassung folgte hier eine längere Anmerkung:

»Individualität mit einem Wort ist der Charakter des Alten, und Idealität die Stärke des Modernen. Es ist also natürlich, daß in allem, was zur unmittelbaren sinnlichen Anschauung gelangen und als Individuum wirken muß, der erste über den zweiten den Sieg davontragen muß. Ebenso natürlich ist es auf der andern Seite, daß da, wo es auf geistige Anschauungen ankommt und die Sinnenwelt überschritten werden soll und darf, der erste notwendig durch die Schranken der Materie leiden und, eben weil er sich streng an diese bindet, hinter den andern, der sich davon freispricht, wird zurückbleiben müssen. Nun entsteht natürlicherweise die Frage (die wichtigste, die überhaupt in einer Philosophie der Kunst kann aufgeworfen werden), ob und inwiefern in demselben Kunstwerke Individualität und Idealität zu vereinigen sei – ob sich also (welches auf eins hinausläuft) eine Koalition des alten Dichtercharakters mit dem modernen gedenken lasse, welche, wenn sie wirklich stattfände, als der höchste Gipfel aller Kunst zu betrachten sein würde. Sachverständige behaupten, daß dieses, in Rücksicht auf bildende Kunst, von den Antiken gewissermaßen geleistet sei, indem hier wirklich das Individuum ideal sei und das Ideale in einem Individuum *erscheine.*

So viel ist indessen gewiß, daß in der Poesie dieser Gipfel noch keineswegs erreicht ist; denn hier fehlt noch sehr viel daran, daß das vollkommne Werk, der Form nach, es auch dem Inhalte nach sei, daß es nicht bloß ein wahres und schönes *Ganze,* sondern auch das möglichst *reichste* Ganze sei. Es sei dies nun erreichbar und erreicht oder nicht, so ist es wenigstens die Aufgabe auch in der Dichtkunst, das Ideale zu individualisieren und das Individuelle zu idealisieren. Der moderne Dichter *muß* sich diese Aufgabe machen, wenn er sich überall nur ein höchstes und letztes Ziel seines Strebens gedenken soll. Denn, da er einerseits durch das Ideenvermögen über die Wirklichkeit hinausgetrieben, andererseits aber durch den Darstellungstrieb beständig wieder zu derselben zurückgenötigt wird, so gerät er in einen Zwiespalt mit sich selbst, der nicht anders als dadurch, daß er eine Darstellbarkeit des Ideals regulativ annimmt, beizulegen ist.«

39,16 *Satyrisch:* in der *Horen*-Fassung neuer Abschnitt mit der Überschrift: »Satirische Dichtung«.

41,22 *Tacitus:* Publius Cornelius Tacitus (um 55 – nach 116), römischer Geschichtsschreiber; in seiner *Germania* kritisiert er den kulturellen Verfall Roms und kontrastiert ihn mit den reinen Sitten der Germanen.

41,33 *Juvenal:* Decimus Junius Juvenalis (60–140 n. Chr.) römischer Satiriker.
Swift: Jonathan Swift (1667-1745), englischer Satiriker: *Gulliver's Travels* (1726).
Rousseau: Jean-Jacques Rousseau (1712–78), französischer Schriftsteller und Kulturkritiker.

41,34 *Haller:* Albrecht von Haller (1708–77), Schweizer Naturforscher und Dichter: *Die Alpen* (1729), ein Epos, das die Verderbtheit der Kultur der Ursprünglichkeit und Natürlichkeit des Alpenvolkes gegenüberstellt. In der *Horen*-Fassung werden zusätzlich noch Lukian, Edward Young und Dante als Satiriker genannt.

42,10 *Austerität:* Strenge, Kargheit.

44,28 *Nathan dem Weisen:* Lessings *Nathan der Weise* (1779), den Schiller später für die Weimarer Bühne tatsächlich als Komödie bearbeitete.

45,20 *Lucian:* Lukianos (2. Jh. n. Chr.), syrisch-griechischer Satiriker, der sich in satirischen Dialogen gegen das Wunschdenken (*Das Schiff oder die Wünsche*), die modische Philosophie (*Das Gastmahl oder die neuen Lapithen*), den Götteraberglauben (*Jupiter Tragoedus*), den sittlichen Verfall Roms (*Nigrinus*), die Schmarotzer (*Timos*) und die Scharlatanerie (*Alexander oder der falsche Prophet*) wendete.

45,26 ff. »*Unglückseliger...:* aus *Nigrinus*, zitiert nach Wielands Übersetzung: *Lukians Werke*, 1788, Bd. 1, S. 35 f.

45,31 *Sykophanten:* Verleumder, Angeber.

45,36 *Aristophanes:* griechischer Komödiendichter (um 445 – 385 v. Chr.), der in seiner Komödie *Die Wolken* Sokrates lächerlich machte.

46,2 *Sophisten:* »Weisheitslehrer«, Philosophenschule in Griechenland (5.–4. Jh. v. Chr.), die das dialektische Denken entwickelte;
nach ihrer Kritik durch Platon und Aristoteles wurden sie als
Wortverdreher, Dialektiker und Scheingelehrte verspottet.

46,4 f. *Diogenes und Dämonax:* Diogenes vertritt in Lukians *Toten-
gesprächen* einen idealistischen Standpunkt, und den Stoiker De-
monax verherrlichte Lukian in einer Lebensbeschreibung.

46,10 *Tom Jones und eine Sophia:* Romangestalten in Fieldings *Tom
Jones.*

46,11 *Yorik:* Held in Sternes Roman *Sentimental Journey.*

46,18 *Voltairischen Satyre:* Voltaires *L'Ingénu* (1767) richtet sich gegen den kirchlichen Dogmatismus, während sein *Candide* (1759)
Leibniz' metaphysischen Optimismus verspottet.

47,11 *Setzt der Dichter:* In der *Horen*-Fassung beginnt hier ein neuer Abschnitt: »Elegische Dichtung«.

47,28 *Observanz:* Brauch, Gewohnheit.

47,34 *Meßiade:* Klopstocks *Messias.*
   Thomsons Jahrszeiten: Der englische Dichter James Thomson
   (1700–48) schrieb ein Epos *Die Jahreszeiten* (1726–30).

47,34 f. *verlornen Paradieß:* John Miltons *Das verlorene Paradies*
   (1667).

47,35 *befreyten Jerusalem:* Torquato Tassos *Das befreite Jerusalem*
   (1575).

48,13 *am Euxin:* Pontus Euxinus am Schwarzen Meer.

49,17 *Reduktion:* Rückbeziehung, Zurückführung.

49,31 *Barde:* Sänger.

50,7 *Julie:* Heldin in Rousseaus Roman *Julie ou La nouvelle Héloïse*
   (1760).

50,36 *des ersten Standes:* Naturzustand der Menschheit.

51,8 *Kleist:* Ewald von Kleist (1715–59), Dichter, Freund Lessings
   und preußischer Offizier, der im Siebenjährigen Krieg fiel.

52,1–4 *Soll ich … u. s. f.:* aus Hallers Gedicht *Trauerode, beim Ab-
sterben seiner geliebten Mariane* (1736).

53,29 *Sehnsucht nach Ruhe:* Gedicht Ewalds von Kleist, aus dem
   Schiller im folgenden (V. 115–120) zitiert.

54,28 f. *Cissides und Paches:* Ewald von Kleists episches Gedicht in
   drei Gesängen (1759).

54,29 *Seneka:* Ewald von Kleists Trauerspiel *Seneca* (1758).

55,3 *Thomson:* vgl. Anm. zu 47,34.

55,26 *musikalischen:* In Schillers neuer Einteilung der Poesie nach

»Empfindungsweisen« hat die musikalische Gemütsstimmung eine wichtige poetische Funktion. So heißt es in einem Brief an Körner vom 25. Mai 1792: »Das Musikalische eines Gedichtes schwebt mir weit öfter vor der Seele, wenn ich mich hinsetze, es zu machen, als der klare Begriff vom Inhalt, über den ich kaum mit mir einig bin.«

56,17 *Epopee:* erzählende Dichtung, Epos.

56,19 f. *Judas/Pilatus/Philo:* Gestalten aus Klopstocks *Messias.*

56,20 *Salomo:* in Klopstocks biblischem Trauerspiel *Salomo* (1764).

56,36 *Young:* Edward Young (1683–1765), englischer Geistlicher und Dichter, dessen *Night Thoughts* (1742–45, dt. 1751) auf die deutschen Dichter des Sturm und Drang einen großen Einfluß ausübten.

57,2 *vergüten:* Young hat sich mehr vorgenommen, als er halten kann.

58,7 *Fictionen:* Erdichtungen.

58,19 *Uz:* Johann Peter Uz (1720–96), anakreontischer Lyriker.
Denis: Michael Denis (1729–1800), Lyriker in der Nachfolge Klopstocks.
Geßner: Salomon Geßner (1730–87), Schweizer Maler und Idyllendichter, dessen biblisches Epos *Der Tod Abels* (1758) Schiller lobte.

58,20 *Jacobi:* Johann Georg Jacobi (1740–1814), Lyriker und Herausgeber der Zeitschrift *Iris* (1774–76); möglicherweise auch dessen jüngerer Bruder Friedrich Heinrich Jacobi (1743–1819), der mit Wieland und Goethe befreundet war.
Gerstenberg: Heinrich Wilhelm von Gerstenberg (1737–1823), Lyriker aus dem Kreis des Göttinger Hains, der durch sein Trauerspiel *Ugolino* (1768) berühmt wurde.

58,21 *Hölty:* Ludwig Heinrich Christoph Hölty (1748–76), Lyriker des Göttinger Hains.
Göckingk: Leopold Friedrich Goeckingk (1748–1807), Lyriker, dem Göttinger Hain nahestehend, wurde durch seine *Lieder zweier Liebenden* (1777) bekannt.

59,35 *in seinem neuesten Roman:* Goethes *Wilhelm Meisters Lehrjahre,* dessen Helden Schiller in einem Brief an Goethe vom 9. Juli 1796 als einen »sentimentalischen Charakter« bezeichnete.

60,32 *Herr Adelung:* Johann Christoph Adelung (1732–1806), Sprachforscher, der den *Versuch eines vollständigen grammatisch-kritischen Wörterbuches der hochdeutschen Mundart* (1774–86) herausgab.

61,10 *Siegwart:* Johann Martin Millers (1750–1814) *Siegwart. Eine Klostergeschichte* (1776), ein empfindsamer Roman in der »Nachäffung« *Werthers.*

61,11f. *Reisen nach dem mittäglichen Frankreich:* Moritz August von Thümmels (1738–1817) *Reise in die mittäglichen Provinzen von Frankreich im Jahre 1785–86* (10 Bde., 1791–1805), sentimentale Reisebeschreibung in der Nachfolge von Sternes *Sentimental Journey.*

61,31 *Herrn Blumauer:* Alois Blumauer (1755–98), Verfasser von *Virgils Aeneis travestirt* (1784–88).

62,17 *Halbbruder:* Die Wendung vom »Romanschreiber« als »Halbbruder« des Dichters wurde bis ins 20. Jahrhundert als Schillers Kritik am Roman verstanden, obwohl diese Stelle dergleichen keineswegs nahelegt.

62,20 *Meisterstücke:* sowohl Goethes *Wilhelm Meisters Lehrjahre* als auch seine umstrittenen *Römischen Elegien,* die Schiller im 6. Heft der *Horen* (1795) abdruckte.

65,10 *Decenz:* Anstand, Benehmen.

65,17f. *unsers anmuthigsten und geistreichsten Dichters:* gemeint ist Wieland.

65,25 *rigoristisch:* streng, prinzipiell.

65,29 *deutschen Ovid:* Johann Kaspar Friedrich Manso (1759–1826), der 1794 ein Lehrgedicht, *Die Kunst zu lieben,* veröffentlichte.
Crebillon: Claude-Proper-Joyot Crébillon (1707–77), Verfasser von zahlreichen erotischen Romanen.

65,31f. *Ardinghello:* Wilhelm Heinses (1749–1803) in der Renaissance angesiedelter Künstlerroman *Ardinghello und die glückseeligen Inseln* (1787).

66,1 *Marmontels:* Jean-François Marmontel (1723–99) verfaßte u. a. *Moralische Erzählungen* (1782).

66,2 *Laclos:* Choderlos de Laclos (1741–1803), französischer Offizier und Schriftsteller, der 1782 den vielgelesenen Roman *Les liaisons dangereuses* schrieb.

66,4 *römischen … Properz:* vgl. Anm. zu 28,22.
deutschen Properz: Goethe als Autor der *Römischen Elegien.*

66,5f. *Diderot:* Denis Diderot (1713–84), Schriftsteller und Herausgeber der *Encyclopédie,* schrieb auch galante Romane.

66,14 *den unsterblichen Verfasser des Agathon, Oberon:* Wieland.

66,19 *Liebe um Liebe:* Verserzählung Wielands, die er später *Gandalin oder Liebe um Liebe* nannte.

68,20 f. *Schimäre:* Hirngespinst, Illusion.

69,13 *goldnes Alter:* goldenes Zeitalter, hier: mythischer oder auch utopischer Zustand einer Gesellschaft.

70,15 *Amintas:* Schäferspiel von Torquato Tasso – *Aminta* (1573) – oder der Held Amyntas in einer der *Idyllen* (1756) des Schweizer Dichters Salomon Geßner.
Daphnis: Held im Hirtenroman *Daphnis und Chloe* des griechischen Dichters Longos (3. Jh. n. Chr.) und in einer Idylle von Geßner.

70,18 *Geschmack:* hier im Sinne Kants als ein ästhetisches Urteil.

72,18 *Miltons herrliche Darstellung:* im Epos *Paradise Lost* (1667).

73,23 *Arkadien:* Landschaft auf dem Peloponnes (Griechenland), die schon in der Antike als ländlicher und friedlicher Ort der Hirten besungen wurde; daraus entstand die Hirtenidylle der sogenannten ›Schäferdichtungen‹.

73,24 *Elisium:* Elysium, bei den Griechen das Land der Seligen, wohin die Götter ihre Lieblinge versetzten. Hier als geschichtsphilosophische Metapher der Menschheitsentwicklung zu verstehen: von Arkadien durch die Geschichte (Kultur) nach Elysium.

73,29 *Voß:* Johann Heinrich Voß (1751–1826), Übersetzer Homers und Autor des idyllischen Epos *Luise* (1795).

74,21 *Über das Verhältniß:* in der *Horen*-Fassung noch mit der Überschrift: »Beschluß der Abhandlung über naive und sentimentalische Dichter, nebst einigen Bemerkungen, einen charakteristischen Unterschied unter Menschen betreffend«.

74,33 ff. *überzugehen*:* Die Anmerkung bezieht sich auf die Kategorienlehre Kants (*Kritik der reinen Vernunft*, §§ 10 und 11), die sich Schiller für seine Zwecke zurechtlegt. Schillers antithetisches Denken hat immer die Neigung, in ein dialektisches umzuschlagen, also These und Antithese in einer Synthese zu versöhnen. Schon in den Briefen *Über die ästhetische Erziehung des Menschen* wurde der Gegensatz von Stoff- und Formtrieb im Spieltrieb aufgehoben; so auch hier, wo die Entgegensetzung von naiver und sentimentalischer Poesie im »erfüllten Ideal« gipfelt.

79,6 *nach dem Leben konterfeyt:* mit der Realität übereinstimmend, die Wirklichkeit getreu beschreibend oder abbildend.

79,20 f. *Affentalent gemeiner Nachahmung:* eine unter zahlreichen zeitgenössischen Verspottungen der einfachen Naturnachahmung, die nicht mehr bewirke, als daß sich Affen durch sie täuschen lassen.

80,4 *Bodmer:* Johann Jakob Bodmer (1698–1783), Schweizer Dichter, der alttestamentalische Epen schrieb, sogenannte »Patriarchaden«.

80,33 *Sakontala:* Drama des Inders Kalidasa (5. Jd. n. Chr.) *Sakuntala*, das 1791 durch Johann Georg Forsters Übersetzung bekannt wurde und eine ähnliche Thematik wie Goethes *Faust* hat.
Minnesängern: Sie wurden von Herder und den Romantikern zu den naiven Dichtern gezählt.

81,3 *Aristophanes:* vgl. Anm. zu 45,36.

81,4 *Plautus:* Titus Maccius Plautus (um 250 – 184 v. Chr.), römischer Komödiendichter, von dem 20 Komödien vollständig erhalten sind, darunter *Amphitryon, Miles gloriosus* und *Menaechmi.*

81,7 *Lope de Vega:* Felix Lope de Vega (1562–1635), spanischer Dramatiker.

81,8 *Moliere:* vgl. Anm. zu 36,30.
Regnard: Jean-François Regnard (1655–1709), französischer Komödiendichter.
Goldoni: Carlo Goldoni (1707–93), italienischer Komödiendichter.

81,9 *Holberg:* Ludwig von Holberg (1684–1754), Begründer des dänischen Lustspiels in Anlehnung an Molière.
Schlegel: Onkel der Gebrüder Schlegel, Johann Elias Schlegel (1718–49), der als Schüler Gottscheds zum Theoretiker und Praktiker der sächsischen Typenkomödie wurde.

81,12 *Gellert:* Christian Fürchtegott Gellert (1715–69), Professor für Poesie und Rhetorik, erbaulicher Dichter der Aufklärung (Fabeln).

81,13 *Rabener:* Gottlieb Wilhelm Rabener (1714–17), satirisch-moralischer Dichter der Aufklärung.

81,15 *büßen:* Gemessen an Schillers Idealvorstellung von satirischer und komischer Dichtung, hält fast kein europäischer Dichter seinen hohen Erwartungen stand.

82,7 *Musen an der Pleisse:* Schriftsteller, die im *Leipziger Musenalmanach* und in der *Neuen Bibliothek der schönen Wissenschaften* (Leipzig) publizierten.

82,8 f. *Camönen:* Musen.

82,9 *an der Leine und Elbe:* Gemeint sind die Dichter des Göttinger Hains und Dichter, die im *Voßschen Musenalmanach* (Hamburg) publizierten.

82,10 *insipid:* geschmacklos, albern.

82,16 *Salzmanns:* Christian Gotthilf Salzmann (1744–1811), Pädagoge und Philanthrop, der einen sechsbändigen Roman, *Karl von Karlsberg oder Über das menschliche Elend* (1784–86), verfaßte.

82,25 *dicken Mann:* Anspielung auf Friedrich Nicolais Roman *Die Geschichte eines dicken Mannes* (1794).

82,27 *A. L. Z.: Allgemeine Literatur-Zeitung,* die seit 1785 in Jena erschien.

Bürger'schen Gedichten: Schiller hatte die zweite Auflage der Gedichte Bürgers 1791 anonym in der *Allgemeinen Literatur-Zeitung* scharf kritisiert.

82,37 f. *Testimonium paupertatis:* Armutszeugnis.

84,15 *exaltirt:* angespannt, ausgelassen.

84,32 *Geist:* vieldeutiger Begriff, hier am besten im Sinne Kants als »das belebende Prinzip im Gemüte […], das, was die Gemütskräfte zweckmäßig in Schwung versetzt« (*Kritik der Urteilskraft,* § 49). Dieses belebende Prinzip ist nach Kant das »Vermögen der Darstellung *ästhetischer Ideen* […], die viel zu denken veranlassen«, ohne daß man sie begrifflich eindeutig festlegen kann (ebd.).

86,30 f. *Heloise für Abelard:* Die unglückliche Liebe Heloises zu Abälard behandelte Jean-Jacques Rousseau in seiner *Nouvelle Héloïse* (1761).

86,31 *Petrarch für seine Laura:* Francesco Petrarca (1304–74) schrieb seine Sonette im *Canzoniere* (1336–74) für eine gewisse Laura.

S. Preux: Saint-Preux, Held und Liebhaber Heloises in Rousseaus Roman *Julie ou La nouvelle Héloïse.*

86,33 *Agathon:* Titelheld in Christoph Martin Wielands Bildungsroman *Geschichte des Agathon* (1766).

Phanias: Charakter in Wielands *Musarion* (1768).

Peregrinus Proteus: Dieser griechische Kyniker hatte sich während der Olympischen Spiele in Athen 165 v. Chr. selbst verbrannt, um Aufsehen zu erregen. Lukian widmete ihm ein satirisches Pamphlet, während Wieland ihn in seiner *Geheimen Geschichte des Philosophen Peregrinus Proteus* (1791) nachsichtiger behandelte.

87,13 *Delikatesse:* Zartgefühl, Takt.

88,18 *das wilde Spiel der Imagination:* die uneingeschränkte, unkontrollierte Einbildungskraft.

89,3 f. *Es sind … im Gebrauch:* Schillers moderne und höchst anspruchsvolle Interpretation zweier vielzitierter poetischer Grundsätze des Horaz, wonach die Dichter nützen und vergnügen sollen: »Aut prodesse volunt aut delectare poetae« (Horaz, *De arte poetica*, V. 333).

91,19 *Platitüde:* Plattheit, Seichtheit.

Tempel Thaliens: Thalia: Muse des Schauspiels (Lustspiels).

91,20 *Melpomenens:* Melpomene: Muse der Tragödie.

91,31 *ästhetischen Urtheilskraft:* Beurteilung des Schönen, Kritik des Geschmacks, wie Kant sie in seiner *Kritik der Urteilskraft* (1787) begründet hatte.

92,7–9 *technische ... Urtheile:* Dichtung nach Gattungsnormen und Regeln zu beurteilen.

92,8 f. *ästhetische Urtheile:* Geschmacksurteile im Sinne Kants.

92,27 *Veredlung:* Schiller geht es nicht mehr um den moralischen Nutzen der Dichtung, sondern um die Veredelung des Menschen. Den Begriff der Veredlung hatte Schiller schon in den Briefen *Über die ästhetische Erziehung des Menschen* (4. Brief) eingeführt.

94,3 *dem contemplativen Theile [der Menschen]:* Also jener »Klasse von Menschen [...], welche ohne zu arbeiten thätig ist« (94,10 f.), die sich betrachtend in Dichtung vertiefen kann.

95,5 *adhärirenden:* anhängend, bestimmend.

95,16 *generischen Charakter:* Gattungscharakter, die ganze Menschheit kennzeichnend.

95,21 *Antagonism:* Antagonismus, Gegensatz.

96,28 f. *Realist/Idealist:* Die nun folgende kleine Abhandlung läuft, wie die Fußnote betont, wieder auf eine Aufhebung dieses Gegensatzes hinaus, um so der Menschheit ihren vollkommenen Ausdruck zu geben.

98,4 f. *comparative Allgemeinheit:* Terminologie Kants, der zwischen »comparativer« (vergleichender, relativer) Allgemeinheit und »strenger« (unbedingter, absoluter) Allgemeinheit unterscheidet.

103,27 *Schimäre:* Täuschung, Illusion.

108,30 *perfektibel:* der Vollkommenheit fähig, nach Vollkommenheit oder Vollendung strebend; hier allerdings als Warnung vor Phantasterei verstanden.

Entstehungsgeschichte

Schillers letzte große kulturphilosophische Abhandlung erhielt erst im Jahre 1800 im zweiten Teil seiner Ausgabe der *Kleineren prosaischen Schriften* den Titel, unter dem sie bekannt wurde. Zuvor war sie in drei Stücken in der Zeitschrift *Die Horen* veröffentlicht worden: »Über das Naive« (11. Stück, 1795), »Die sentimentalischen Dichter« (12. Stück, 1795) und »Beschluß der Abhandlung über naive und sentimentalische Dichter, nebst einigen Bemerkungen einen charakteristischen Unterschied unter den Menschen betreffend« (1. Stück, 1796). Die Tatsache, daß die drei Aufsätze nacheinander entstanden, für sich stehen konnten und dazu noch recht unterschiedlich gewichtet waren, deutet schon an, daß es sich keinesfalls um eine systematisch geplante und durchgeführte Abhandlung handelt. Sie ist »mehr Skizze als ordentliche Ausführung«, wie Schiller in einem Brief an Körner selbstkritisch bemerkte (19. Oktober 1795).

Das soll keineswegs heißen, daß es sich bei der endgültigen Abhandlung um eine Buchbindersynthese handle, die nur Skizzen und Entwürfe enthielte. Was Schiller behandelt, sind aktuelle Fragen der Zeit und Probleme der Poetik, die sich aus seiner Arbeit an den Briefen *Über die ästhetische Erziehung des Menschen* ergaben: Es geht um die Selbstreflexion und Standortbestimmung des modernen Dichters im Unterschied zum naiven, Entwürfe einer neuen Poetik, die Kritik des gegenwärtigen Zustands der deutschen Literatur und die gesellschaftliche Funktion der Poesie. Außerdem sollte man die Nöte des Herausgebers nicht unterschätzen, der immer wieder neue Beiträge für die *Horen* anwerben mußte, oder, wenn diese ausblieben, sie eben selbst zu schreiben hatte.

Erstmals erwähnte Schiller die Arbeit an einem »kleinen Tractat« für seine *Thalia*, der den Titel »Über das Naive« tragen sollte, in einem Brief an seinen Freund Körner vom 4. Oktober 1793. Ein Jahr später, also mitten in seiner Arbeit an den Briefen *Über die ästhetische Erziehung des Menschen*, berichtete er Körner von einem »Aufsatz über *Natur* und *Naivheit*«, der ihm »vorzüglich zu gelingen« scheine (4. und 12. September 1794). Doch erst ein weiteres Jahr später, wieder einmal unter dem Zeitdruck, den ersten Jahrgang der *Horen* abzuschließen, setzte er seine Untersuchung des Naiven fort. Seinem Verleger Cotta, der größere Allgemeinverständlichkeit für die *Horen*-Beiträge gefordert hatte, versprach er einen Aufsatz,

der ihn in »Ton sowohl als Inhalt zu einer allgemein verständlichen
Lecture« mache (7. September 1795). An Wilhelm von Humboldt
schrieb er unter demselben Datum, daß es ihm darum gehe, »von
dem Gegensatz zwischen Einfalt der Natur und zwischen Cultur
viel zu reden«. Doch außer diesen und ähnlichen Andeutungen,
auch gegenüber Goethe (9. September 1795), erfährt man wenig
über den Inhalt dieses Aufsatzes.

Allerdings hatte Schiller schon Körner gegenüber angedeutet, daß
er »mit keiner Erklärung dieses Phänomens [des Naiven], wie sie in
unseren Theorien aufgestellt sind, zufrieden« sei; und er hoffe, »etwas darüber zu sagen, was mehr befriedigt« (4. Oktober 1793). An
Theorien über das Naive bestand im 18. Jahrhundert kein Mangel.
Darüber konnte sich Schiller durch die Lektüre des Artikels »Naiv«
in Johann Georg Sulzers mehrbändiger *Allgemeiner Theorie der
Schönen Künste* (1771–74, 2. Aufl. 1792–94) selbst schnell einen
Überblick verschaffen. In diesem Artikel, der Sulzers eigene Überlegungen und einen Aufsatz des jungen Wieland enthält, wurden in
einer Anmerkung neben Moses Mendelssohns Abhandlung *Über
das Erhabene und Naive in den Schönen Wissenschaften* (1758)
noch einige andere Schriften erwähnt. Auch den Artikel »Naiveté«
in Diderots *Encyclopédie* dürfte Schiller gekannt haben. Wie jedoch
aus einer Fußnote der Abhandlung hervorgeht, war es einmal mehr
Kants *Kritik der Urteilskraft*, die Schiller bei diesem Aufsatz inspi-
rierte, ja er machte Kant das Kompliment, daß dieser der erste gewesen sei, »der über dieses Phänomen eigens zu reflektiren angefangen« (8).[1]

Noch ein weiterer Gesichtspunkt ist für das Verständnis der Abhandlung wichtig: Schillers Begegnung mit Goethe. In Schillers
Huldigungsbrief vom 23. August 1794, nach jenem denkwürdigen
Jenaer Gespräch über die Urpflanze, heißt es: »Lange schon habe
ich, obgleich aus ziemlicher Ferne, dem Gang Ihres Geistes zuge-
sehen, und den Weg, den Sie sich vorgezeichnet, mit immer erneuter
Bewunderung bemerkt.« Es überrascht daher kaum, daß Schiller
nur zwei Wochen nach diesem Brief mit der endgültigen Ausarbeitung »Über das Naive« begann und dabei Goethe als naiven Dichter
in moderner Zeit im Sinn hatte. Goethe hat auf diesen Zusammen-

---

1 Bloße Seitenzahlen in Klammern beziehen sich hier und im folgenden auf
   den vorliegenden Band.

hang im Laufe ihrer Freundschaft und auch rückblickend mehrfach
hingewiesen. So schreibt er am 29. November 1795: »Da diese
Theorie mich selbst so gut behandelt, so ist nichts natürlicher, als
daß ich den Prinzipien Beifall gebe und mir die Folgerungen richtig
erscheinen.«

Wichtiger dürfte jedoch sein, daß Goethe im Frankfurter Brief
vom 16. August 1797, in dem er seine symbolische Schaffensweise
ausführlich entwickelte, ausdrücklich auf Schillers Theorie zu sprechen kommt: »Ich berufe mich auf das, was Sie selbst so schön entwickelt haben, auf das, was zwischen uns Sprachgebrauch ist.« (Vgl.
auch Schillers Antwort vom 7. September 1797, in der er Goethes
»Sentimentalität« angesichts bedeutender Gegenstände kommen-
tiert.) Nach Schillers Tod und in seiner Abgrenzung von der Ro-
mantik bediente sich Goethe mehrfach der Schillerschen Kategorien, am deutlichsten in dem Aufsatz *Shakespeare, verglichen mit
den Alten und Neuesten* (1813), zu dem er folgendes Schema entwirft: »Antik – Modern; Naiv – Sentimental; Heidnisch – Christ-
lich; Heldenhaft – Romantisch; Real – Ideal; Notwendigkeit – Freiheit; Sollen – Wollen.«

Daß Goethe die scharfen Unterscheidungen, Abgrenzungen und
Urteile Schillers nicht alle teilte, ja daß sie manchmal auch seinen
Unmut erregten, geht aus späteren Äußerungen gegenüber Ecker-
mann hervor. Darin beklagte er Schillers »unselige Zeit jener Speku-
lationen«, die für die »sentimentale Poesie« keinen Boden finden
konnten, und fügte hinzu: »Als ob die sentimentale Poesie ohne einen naiven Grund, aus welchem sie gleichsam hervorwächst, nur irgend bestehen könnte« (14. November 1823). In schöner Selbstbe-
zogenheit sieht Goethe sich in einem späteren Gespräch als den eigentlichen Anlaß dieser Abhandlung: »Ich hatte in der Poesie die
Maxime des objektiven Verfahrens und wollte nur diese gelten lassen, Schiller aber, der ganz subjektiv wirkte, hielt seine Art für die
rechte, und um sich gegen mich zu wehren, schrieb er den Aufsatz
über naive und sentimentalische Dichtung« (21. März 1830). Sicher
ist der Einfluß von Goethes Persönlichkeit und Dichtung auf Schillers Abhandlung nicht zu unterschätzen, doch dürfte der Zusammenhang philosophisch komplexer und im Kontext der Zeit auch
kulturkritischer gewesen sein.

Als Schiller sich im November 1795 dem zweiten Teil seiner Abhandlung, über »Die sentimentalischen Dichter«, zuwandte, gelang-
te er damit an einen Punkt, wo er sich als moderner Dichter selbst

definieren und sich sowohl gegenüber den antiken (naiven) Dichtern als auch gegenüber Goethe behaupten mußte. Neben Körner und Goethe wurde nun Wilhelm von Humboldt der wichtigste Gesprächspartner, vor dem er seine Ideen zur Kritik ausbreitete. Humboldt gegenüber hatte er schon bei der Ausarbeitung des Naiven angedeutet, daß es ihm in der Abhandlung um den Gegensatz von Natur und Kultur, Antike und Moderne gehe (7. September 1795). Unmittelbar nach Abschluß des Aufsatzes »Über das Naive« stellte er sich in einem Brief an Humboldt wieder die Frage: »Inwiefern kann ich bei dieser Entfernung von dem Geiste der Griechischen Poesie noch Dichter sein, und zwar beßerer Dichter, als der *Grad* jener Entfernung zu erlauben scheint?« Zwar könne sich der moderne Dichter dem griechischen Geist durch Nachahmung annähern (wie etwa Goethe und Voß), aber erreichen könne man ihn nicht, da die »moderne Realität« immer wieder den Weg in die Vergangenheit versperre. Wäre es daher für die modernen Dichter nicht besser, »das *Ideal* als die *Wirklichkeit* zu bearbeiten?« (26. Oktober 1795).

In einem programmatischen Brief an Herder heißt es dazu, daß er in seinem Aufsatz »Über die sentimentalischen Dichter« die Frage zu beantworten suche, »was der Dichtergeist in einem Zeitalter und den Umständen wie die unsrigen für einen Weg zu nehmen habe« (4. November 1795). Herder hatte behauptet, daß die Poesie aus dem Leben, aus der Zeit und der Wirklichkeit hervorgehen und dahin zurückfließen müsse. Schiller leugnet dies und will durch seinen Aufsatz beweisen,

> daß unser Denken und Treiben, unser bürgerliches, politisches, religiöses, wissenschaftliches Leben und Wirken wie die Prosa der Poesie entgegengesetzt ist. Diese Übermacht der Prosa in dem Ganzen unseres Zustandes ist, meines Bedünkens, so groß und so entschieden, daß der poetische Geist, anstatt darüber Meister zu werden, notwendig davon angesteckt und zugrunde gerichtet werden müßte.

Und dann folgt Schillers Credo einer idealisierenden Kunst: »Daher weiß ich für den poetischen Genius kein Heil, als daß er sich aus dem Gebiet der wirklichen Welt zurückzieht und anstatt jener Coalition, die ihm gefährlich sein würde, auf die strengste Separation sein Bestreben richtet.« Statt Herders Rat zu befolgen, sich als »germanischer Geist« auf seine Verwandtschaft mit den »nordischen Gebilden« zu stützen, wendet sich Schiller der griechischen Antike zu: »Daher scheint es mir gerade ein Gewinn für ihn zu sein, daß er seine eigene Welt formiret und durch die Griechischen Mythen der Verwandte eines fernen, fremden und idealischen Zeitalters bleibt, da ihn die Wirklichkeit nur beschmutzen würde« (ebd.). Deutlicher hat Schiller die Autonomie der Kunst nie wieder gerechtfertigt und sich zugleich als modernen Nachfahren der Antike definiert. Aus dieser Spannung zwischen Natur und Kultur, Antike und Moderne, Wirklichkeit und Ideal entwickelt er nun seine eigentümliche poetische Theorie.

Seiner selbst offensichtlich sehr sicher, schrieb Schiller diesen zweiten, umfangreicheren Teil überraschend schnell und »allgemein verständlich«, schloß ihn bereits im November ab und schickte das Manuskript an Cotta (29. November 1795). Noch am gleichen Tage kommentierte er seine neue Gattungstheorie für den sentimentalischen Dichter – also Satire, Elegie und Idylle – in zwei Briefen an Humboldt (29. und 30. November 1795). Dabei interessiert ihn besonders die Idylle, deren Aufgabe es ist, »das Ideal der Schönheit objektiv zu individualisieren«. Sie ist für den sentimentalischen Dichter die »höchste, aber auch schwierigste« Form. An diesem Punkt konvergieren theoretische Spekulation und poetische Praxis; denn Schiller muß sich nun fragen, wie er diesen »höchsten poetischen Effekt« hervorbringen kann. Er zweifelt nicht an der Möglichkeit dieser idealischen Form, »wenn mein Gemüt nur erst ganz frei und von allem Unrat der Wirklichkeit recht rein gewaschen ist« (29. November 1795). Daher will er sich nun wieder ganz der poetischen Arbeit zuwenden: »Was ich lese, soll aus der alten Welt, was ich arbeite, soll Darstellung sein« (30. November 1795).

Was noch zu tun übrig blieb, gelang ihm in kürzester Zeit. Während der zweiten Dezemberhälfte arbeitete er am »Beschluß der Abhandlung über naive und sentimentalische Dichter«, den er bereits am 8. Januar beendete und an Cotta schickte. Am 22. Januar erschien dieser dritte Teil als 1. Stück der *Horen* für den Jahrgang 1796. In einem Brief an Humboldt vom 9. Januar 1796 skizzierte er diesen Aufsatz folgendermaßen:

> Nachdem ich darin die beiden *Abwege* naiver und sentim[entalischer] Poesie aus dem Begriff einer jeden abgeleitet und bestimmt, alsdann zwei herrschende Grundsätze, welche das Platte und das Überspannte begünstigen, geprüft habe (der eine ist, daß die Poesie zur *Erholung*, der andere, daß sie zur *Veredlung*

diene), so trenne ich von beiden Dichtercharakteren das *poetische*, was sie verbindet, und erhalte dadurch zwei ganz entgegengesetzte *Menschencharaktere* [...], [den Realisten und den
Idealisten], welche jenen beiden Dichterarten entsprechen und
nur das prosaische Gegenstück davon sind.

Als Leseanleitung zu diesem Abschnitt entwirft ihm Schiller (am
9. Januar 1796) noch folgende schematischen Skizze:

Naiver Dichtergeist   Sentimen[talischer] Dichtergeist
welche beyde darinn übereinkommen, daß sie aus dem Menschen
ein *Ganzes* machen, wenn gleich auf sehr verschiedene Weise.
Realism   Idealism
welche darinn überein kommen, daß sie sich an das Ganze halten und nach einer absoluten Nothwendigkeit verfahren, daher
sie in den Resultaten gleich seyn können.
Empirism   Phantasterey
welche bloß in der Gesetzlosigkeit überein kommen, die bey
dem Empirism in einer *blinden Naturnöthigung*, bey der Phantasterey in einer *blinden Willkür* besteht.

Damit nahm Schiller »auf lange Zeit von der Theorie Abschied«
und wendete sich wieder der Dichtkunst zu (an Körner, 18. Januar
1796).

Kommentar zu Hauptaspekten der Abhandlung

System oder Skizze?

Die Schwierigkeiten, Schillers Abhandlung *Über naive und sentimentalische Dichtung* zu verstehen, sind nicht nur in ihren oft beklagten Äquivokationen und Antinomien zu suchen, sie erklären sich auch aus ihrer komplizierten Entstehungsgeschichte. Im Unterschied zu den Briefen *Über die ästhetische Erziehung des Menschen*, die eine lange Entstehungszeit hatten und dazu noch umgeschrieben wurden, entstanden die Aufsätze, aus denen sich die Schrift zusammensetzt, mit Unterbrechungen und oft unter Zeitdruck. Aus Schillers ursprünglicher Idee, einen »kleinen Tractat« über das Naive zu schreiben, entwickelten sich neue Gedankenketten, die sich vom ursprünglichen Konzept absetzten und es komplizierten. Es ergab sich ein allmähliches Verfertigen der Gedanken beim Schreiben, das diese Abhandlung so komplex macht. Hinzu kam die permanente Selbstreflexion Schillers über sein Verhältnis zu Goethes Person und Werk, das sich, seit er 1787 erstmals nach Weimar kam, von Unmut zur Anerkennung wandelte. Die Schiller früh bewußte Differenz und der Versuch ihrer Angleichung, wenn auch nicht Versöhnung ihrer Schaffensweise, ist der Abhandlung eingeschrieben. Dieser unbewußte Impuls durchkreuzte die Intentionen des Aufsatzes und verhinderte, daß er sich zum System rundet. So ist auch das Schwanken zwischen einem historischen und typologischen Verstehen der beiden Dichtungsarten zu erklären. Dieses läßt sich zudem aus der ursprünglichen Intention verstehen, wie er sie gegenüber Herder formulierte: Er wolle in seinem Aufsatz die Frage beantworten, »was der Dichtergeist in einem Zeitalter und den Umständen wie die unsrigen für einen Weg zu nehmen habe« (4. November 1795). Also auch eine Standortbestimmung des modernen Dichters und seines Verhältnisses zur Antike beschäftigte ihn, die alte *Querelle*-Frage drängte sich nochmals auf (Hans Robert Jauss). Diese Gemengelage der Abhandlung verbietet eine harmonisierende Auslegung, die alle Widersprüche zu glätten versucht. Schiller selbst wußte zu genau, daß er weder nach einem Plan gearbeitet noch einen systematischen Entwurf geliefert hatte. Seine Überlegungen zur modernen Literatur waren, um mit Lessing zu sprechen, »*fermenta cognitionis*«, ein Sauerteig der Erkenntnis, der erst noch aufgehen sollte, was bald bei Hölderlin, Friedrich Schlegel und Hegel auch geschah. Es empfiehlt sich daher, die Abhandlung nicht zu systematisieren, sondern sie nach ihren Hauptaspekten zu kommentieren, sie gleichsam mit einem kritischen Register zu versehen, das es dem Leser überläßt, selbstdenkend seinen Weg zu finden.

Natur und Naivität

Beide Begriffe hatten im 18. Jahrhundert noch vielfältige Bedeutungen. Man schwärmte für die ›Natur‹, erlebte sie mit empfindsamer Rührung oder sehnte sich in rousseauscher Manier nach dem Naturzustand der Menschheit zurück. Schiller mokierte sich über diese modische Naturschwärmerei: »Unser Gefühl für Natur gleicht der Empfindung des Kranken für die Gesundheit« (27). Und den »empfindsamen Freund der Natur«, der sich Rousseaus *retour à la nature* verschrieben hatte, ermahnte er: »Jene Natur, die du dem Vernunftlosen beneidest, ist keiner Achtung, keiner Sehnsucht werth. Sie liegt hinter dir, sie muß ewig hinter dir liegen.« (24) Schiller denkt schärfer, skeptischer und historischer über das moderne Verhältnis zur Natur; denn eine Rückkehr zur ersten Natur ist uns durch die Kultur verstellt. Wie schon in der viel schärferen und ausführlicheren Kulturkritik der Briefe *Über die ästhetische Erziehung des Menschen* (Briefe 2–8) geißelt er auch hier die »Kulturübel«; doch hält er nicht mehr viel von den »Klagen über die Erschwerung des Lebens, über die Ungleichheit der Konditionen, über den Druck der Verhältnisse, über die Unsicherheit des Besitzes, über Undank, Unterdrückung Verfolgung« (ebd.). »Mit freier Resignation« soll man sich »allen Ü b e l n der Kultur« unterwerfen, um zu einer zweiten, höheren Natur zu gelangen. Aller Kulturkritik und heroischen Resignation zum Trotz entwirft Schiller (mit Hilfe Kants) eine geschichtsphilosophische Lösung: »Wir waren Natur, [...] und unsere Kultur soll uns, auf dem Wege der Vernunft und der Freyheit, zur Natur zurückführen« (8 f.). Die Entwicklung des Menschengeschlechts verläuft also von der ersten Natur über die Entfremdung von der Natur durch Kultur hin zur zweiten Natur.

Auch die ›Naivität‹ hatte im 18. Jahrhundert eine komplexe Begriffsgeschichte. Ursprünglich bedeutete ›naiv‹ so viel wie natürlich, einfältig, kindlich oder auch blöde. »Von welcher Seite her man das Naive untersucht«, heißt es in Sulzers *Allgemeiner Theorie der Schö-*

nen Künste, »so zeigt sich, daß es seinen Ursprung in einer mit richtigem Gefühl begabten, von Kunst, Verstellung, Zwang und Eitelkeit unverdorbenen Seele hat.«[1] Für Wieland ist das Naive »die wahre Unschuld einer Seele, die sich immer entblößen darf, ohne beschämt zu werden«.[2] Naivität wird also als eine ursprüngliche Charaktereigenschaft (einfältig, unverdorben, kindlich) verstanden, die sich, wie immer sie sich auch äußert, nicht beschämen läßt.

Dem widersprach Kant, und Schiller schloß sich ihm (bis auf eine kritische Bemerkung, 12) an. Für sie gibt es Naivität an sich nicht, jedenfalls nicht als eine natürliche Charaktereigenschaft. Sie ist eine »Denkart«, die erst durch den Fortschritt der Kultur, die Entfremdung von der Natur, in unser Gesichtsfeld tritt. Bei Kant ist die Naivität daher »der Ausbruch der der Menschheit ursprünglich natürlichen Aufrichtigkeit wider die zur anderen Natur gewordene Verstellungskunst« (*Kritik der Urteilskraft* § 54). Das Naive setzt einen kritischen Betrachter voraus, der vergleicht und urteilt, also über seine Empfindung reflektiert. Ausgelöst wird diese Reflexionstätigkeit durch ein widersprüchliches Gefühl, das die Naivität erregt: »Man lacht über die Einfalt, die es noch nicht versteht, sich zu verstellen«, heißt es bei Kant, »und erfreut sich doch auch über die Einfalt der Natur, die jener Kunst hier einen Querstrich spielt« (ebd.). Lachen und Kritik, »Ernst und Hochschätzung« mischen sich in diesem »Spiel der Urteilskraft«.

Auch für Schiller bildet die Kultur (oft »Kunst« oder »Künstelei« genannt) die Zäsur, die das Naive erst ermöglicht. Gleich zu Beginn der Abhandlung heißt es, daß unser Interesse an der »einfältigen Natur« auf zwei Prämissen beruhe:

> Fürs erste ist es durchaus nöthig, daß der Gegenstand, der uns dasselbe einflößt, Natur sey […]; zweytens daß er […] naiv sey, d. h. daß die Natur mit der Kunst im Kontraste stehe und sie beschäme. Sobald das letzte zu dem ersten hinzukommt, und nicht eher, wird die Natur zum Naiven. (7)

Sie löst als das »Naive der Denkart«, wie bei Kant, ein »gemischtes Gefühl« aus: »Wir fühlen uns genöthigt, den Gegenstand zu ach-

1 Johann Georg Sulzer, *Allgemeine Theorie der Schönen Künste*, Bd. 3, Leipzig 1973, S. 499.
2 Ebd.

ten, über den wir vorher gelächelt haben, und, indem wir zugleich
einen Blick in uns selbst werfen, uns zu beklagen, daß wir demselben nicht ähnlich sind.« (11) Wollte man Schillers Verständnis des
Naiven auf eine ansprechende Formel bringen, so müßte sie lauten:
»Das Naive ist eine Kindlichkeit, wo sie nicht mehr erwartet wird« (13). Das Naive, wie Schiller es behandelt, wird immer schon aus einem »sentimentalischen Interesse« betrachtet, und
die Natur wird durch eine »symbolische Operation« des Dichters in
eine menschliche verwandelt, also in eine Landschaft.

Naiv und sentimentalisch

Der Komplementärbegriff zum Naiven, das Sentimentalische, muß
also von Anfang an mitgedacht werden. Er ergibt sich intuitiv aus
Schillers Verhältnis zu Goethe, philosophisch aus seiner Kantlektü-
re. Die Begriffe ›sentimental‹, ›sentimentalisch‹ und ›empfindsam‹
wurden gegen Ende des 18. Jahrhunderts synonym gebraucht.
Schiller selbst bezeichnete die Jahre von 1750 bis 1780 in Frankreich
und Deutschland als eine Epoche der »sentimentalischen Dichter«
(30). Mag sein, daß Schiller ›sentimental‹ durch ›sentimentalisch‹ er-
setzte, um damit die moderne Sensibilität einer »Empfindsamkeit
für Natur« schärfer zu artikulieren. Doch der springende Punkt ist
die Rekapitulation eines Leitmotivs des Aufsatzes zu Beginn des
zweiten Teils: »Der Dichter, sagte ich, ist entweder Natur, oder er
wird sie suchen. Jenes macht den naiven, dieses den sentimentalischen Dichter.« (33) Man hat sich daran gewöhnt, diese Gegenüberstellung der beiden Dichtungsarten als Antithese zu verstehen, um
›naiv‹ und ›sentimentalisch‹ als Epochenbegriffe zu deuten. Dem
scheint jedoch eine Anmerkung Schillers zu widersprechen, in der
es heißt: »Es ist vielleicht nicht überflüssig zu erinnern, daß, wenn
hier die neuen Dichter den alten entgegengesetzt werden, nicht sowohl der Unterschied der Zeit, als der Unterschied der Manier zu
verstehen ist.« (35) Das legt eher einen Stilunterschied oder einen
»transzendental-ontologischen Urgegensatz« (Wolfgang Binder),
also eine Typologie der Dichtungsarten, nahe. Doch liegen auch hier
die Dinge nicht so eindeutig und geradlinig, wie man es sich
wünscht. Denn der sentimentalische Dichter gehört dem »Stand der
Kultur« an (34), er ist geprägt von der ›Prosa des bürgerlichen Lebens‹, dem er sich stellen muß. Daraus entsteht erst der Kontrast

zur ersten Natur und zur naiven Antike, jenes unglückliche Bewußtsein, das sich nach Einheit und Harmonie sehnt. Darüber hinaus ist der Abhandlung eine geschichtsphilosophische Sicht der Epochen von Anfang an eingeschrieben. Sie wird hier nochmals wiederholt, wenn es von der Entwicklung des Menschen, als Einzelnem wie als Gattung, heißt: »Die Natur macht ihn mit sich Eins, die Kunst [hier im Sinne von Kultur] trennt und entzweyet ihn, durch das Ideal kehrt er zur Einheit zurück.« (35)

Die Schwierigkeit, zwischen einer historischen und typologischen Betrachtung der beiden Dichtungsarten zu unterscheiden, läßt sich vielleicht am besten mit einer Anmerkung Schillers beheben: Das Charakteristische der sentimentalischen Dichtung sei es, »daß die Natur der Kunst [im Sinne von Kultur] und das Ideal der Wirklichkeit entgegen gesetzt werde« (48). Die grundlegende Unterscheidung ist wiederum der geschichtsphilosophische Kontrast von Natur und Kultur, der nicht rückgängig zu machen ist und doch überwunden werden soll; seinen künstlerischen Ausdruck findet er in der Kontrastierung von Ideal und Wirklichkeit, die durch die Darstellung des Ideals die Entzweiung aufheben soll. Der sentimentalische Dichter, und nur er, reflektiert über den Eindruck, den die gegenständliche Welt auf ihn macht, »und nur auf jene Reflexion ist die Rührung gegründet, in die er selbst versetzt wird, und uns versetzt« (38). Er bezieht, in einem zweiten Schritt, die Wirklichkeit auf eine Idee, »und nur auf dieser Beziehung beruht seine dichterische Kraft« (ebd.).

Um es nochmals als Gegenüberstellung von naivem und sentimentalischem Dichter zu wiederholen: »Jene rühren uns durch Natur, durch sinnliche Wahrheit, durch lebendige Gegenwart; diese rühren uns durch Ideen.« (35) Der Spannung zwischen beschränkter Wirklichkeit und unendlicher Idee entspringt ein »gemischtes Gefühl«, das sich als Empfindungsweise in den Dichtarten des Satirischen und Elegischen niederschlägt: bei jener, indem sie die Wirklichkeit aus der Perspektive des Ideals scharf kritisiert; bei dieser, indem sie das Ideal beschwört. Daher kann Schiller den Unterschied zwischen naiver und sentimentalischer Dichtung auf die Formel bringen, daß die antike Kunst eine »Kunst der Begrenzung« und die moderne eine »Kunst des Unendlichen« sei (37).

Gattungspoetik oder Empfindungsweisen

Während der naive Dichter »bloß der einfachen Natur und Empfindung folgt, und sich bloß auf die Nachahmung der Wirklichkeit beschränkt«, reflektiert der sentimentalische Dichter »über den Eindruck, den die Gegenstände auf ihn machen und nur auf jene Reflexion ist die Rührung gegründet, in die er selbst versetzt wird, und uns versetzt« (38).

Aus diesem Satz ergeben sich gleich mehrere Konsequenzen für die künstlerische Gestaltungsweise des sentimentalischen Dichters. Die bloße Nachahmung der Wirklichkeit kann nicht länger die Aufgabe des modernen Dichters sein. Sie wird als einfache Nachahmung der Natur dem naiven Dichter überlassen; jedoch der sentimentalische Dichter, der den Gegenstand auf eine Idee bezieht und dessen Ziel die »D a r s t e l l u n g   d e s   I d e a l s« (34) ist, muß sich einer komplexeren Schaffensweise bedienen. Landschaftspoesie, wie jene von Matthisson, die Schiller 1794 rezensiert hatte, läßt sich nur rechtfertigen, wenn ihr die Umsetzung von Beschreibung in Handlung gelingt und wenn sie die Bedeutung der Natur für den Menschen reflektiert. Wie Lessing in seinem *Laokoon* formuliert auch Schiller die Aufgabe des Dichters als Darstellung dessen, »was geschieht«, und nicht als Wiedergabe dessen, »was ist.«[3] Darüber hinaus soll der Dichter die Natur durch eine »symbolische Operation« in eine menschliche verwandeln (NA 22,274). Die Nachahmung des Naturschönen spielt für Schiller offensichtlich nur noch eine untergeordnete Rolle, wichtiger ist ihm die »Nachahmung der menschlichen Natur«, wie sie sich in der Natur spiegelt. Auch Winckelmanns Klassizismus, der eine »Nachahmung der griechischen Werke« empfahl, wird verabschiedet. Denn die griechische Antike, die unwiederbringlich vergangen ist, kann nicht länger Vorbild der Moderne sein (67 f.) Hegel wird den alten Nachahmungs-Topos in der Einleitung seiner *Ästhetik* endgültig lächerlich machen, um ihn aus dem »gewöhnlichen Bewußtsein« zu tilgen.

Was die Situation des sentimentalischen Dichters kompliziert, ist die Tatsache, daß – wie Schiller an Herder schreibt (4. November 1795) –

---

3 *Schillers Werke. Nationalausgabe*, 1940 begr. von Julius Petersen, fortgef. von
  Liselotte Blumenthal, Benno von Wiese und Siegfried Seidel, hrsg. im Auftrag
  der Stiftung Weimarer Klassik und des Schiller-Nationalmuseums in Marbach
  von Norbert Oellers, Weimar 1943 ff. [zit. als: NA]; hier: NA 22,274.

unser Denken und Treiben, unser bürgerliches, politisches, religiöses, wissenschaftliches Leben und Wirken wie die Prosa der Poesie entgegengesetzt ist. Diese Übermacht der Prosa in dem Ganzen unseres Zustandes ist meines Bedünkens so groß und so entschieden, daß der poetische Geist, anstatt darüber Meister zu werden, notwendig davon angesteckt und zugrunde gerichtet werden müßte.

Die Entfremdung des modernen Dichters von der Natur – jene Wunde, die ihm die Kultur schlug – läßt Schiller daran zweifeln, ob von der widersprüchlichen Wirklichkeit und arbeitsteiligen Gesellschaft noch Wege zur Dichtung führen. Da ihm die ›moderne Realität‹ sowohl den Weg zur Natur wie in die Antike versperrt, muß er nach einem Ausweg suchen, der sein Schaffen ermöglicht und rechtfertigt. Wäre es daher für die modernen Dichter nicht besser, fragt er in einem Brief an Wilhelm von Humboldt, »das *Ideal* als die *Wirklichkeit* zu bearbeiten?« (26. Oktober 1795). Daraus resultiert sein Entwurf einer modernen Poetik. Darin eingebettet ist eine umfangreiche Kritik der zeitgenössischen Literatur, Schillers »jüngestes Gericht über den größten Teil der deutschen Dichter« (wie er dies in einem Brief an Goethe vom 23. November 1795 nannte), auf die ich hier nicht näher eingehen kann.

Auf die Antinomien der modernen Gesellschaft, den Widerspruch zwischen Wirklichkeit und Ideal, kann der sentimentalische Dichter in dreifacher Weise reagieren: Er kann die Wirklichkeit als Mangel scherzend oder strafend in der Satire anprangern; er kann elegisch dem verlorenen Ideal nachtrauern oder auf dieses als Versprechen hinweisen. Das letztere wäre die Idylle, die der Menschheit das Ideal ihrer möglichen Vollendung vor Augen stellt. Ausdrücklich betont Schiller in einer Fußnote, daß er »die Benennungen Satyre, Elegie und Idylle in einem weitern Sinne gebrauche, als gewöhnlich geschieht« (47, nochmals in einer Fußnote 66f). Ebenso wie die einfache Nachahmung zur dichterischen Bewältigung der modernen Wirklichkeit nicht mehr ausreicht, so wird auch die ehrwürdige Gattungspoetik verabschiedet. Die Naturformen der Dichtung, also Epos, Drama und Lyrik, nebst ihrer Untergattungen werden durch Empfindungs- und Dichtungsweisen ersetzt (ebd.). Die traditionelle Gattungspoetik kritisiert Schiller scharf, um seine eigene Theorie der modernen Dichtung davon zu unterscheiden: »Wenn man den Gattungsbegriff der Poesie zuvor einseitig aus den alten

Poeten abstrahirt hat, so ist nichts leichter, aber auch nichts trivialer, als die modernen gegen sie herabzusetzen.« (36, ähnlich 67 f.) Die Beckmesser der Poesie mögen an der Gattungspoetik festhalten, da sie die Geschichtlichkeit der literarischen Formen verkennen; Schiller verteidigt dagegen die moderne Dichtung und bereitet eine Historisierung der Poetik vor, die Konsequenzen bis in die Gegenwart hat.

Diese Subjektivierung der Poetik als Empfindungsweise hat zur Folge, daß Schiller zwar auf die Wirklichkeit reagiert, sie jedoch nicht objektiv darstellt, sondern sie an einem Ideal mißt. In kantischer Manier reflektiert er über den Eindruck, den die Wirklichkeit auf ihn macht, bezieht diese auf eine Idee und wendet diese wiederum auf die Wirklichkeit an. Auf diesem Kontrast von Wirklichkeit und Ideal beruht Schillers ganze Poetik, und sie dient der indirekten Darstellung des Ideals. In der Satire erreicht er dies dadurch, daß »die Wirklichkeit als Mangel, dem Ideal als der höchsten Realität gegenüber gestellt« (40) wird. In der Elegie, ob als sehnsüchtige oder begeisterte Empfindung, wird der ideale Zustand der Welt beschworen. Die Idylle wäre die höchste Form der Dichtkunst, da sie das Versprechen einer möglichen Vollendung des Menschen(geschlechts) enthält, kurz: die Idylle zielt auf einen utopischen Zustand.

Dieser ganz andere Zustand der elysischen Idylle hat, wie alle utopischen Vorstellungen, nur ein Problem: Wie läßt sich die Versöhnung »aller Gegensätze der Wirklichkeit mit dem Ideale« in ein Bild bannen, ganz zu schweigen von seiner Umsetzung in die gesellschaftliche Praxis? Dieser Schwierigkeit war sich Schiller durchaus bewußt, und er war selbst bei seiner Vorstellung einer Herkules-Idylle skeptisch, ob sie sich poetisch verwirklichen lasse (vgl. Brief an Wilhelm von Humboldt, 29. November 1795). Versetzte er damit nicht auf den Olymp, was auf Erden verwirklicht werden sollte? Auch warnte er vor dem »Überspannte[n] in der Darstellung« (86), einem allzu erhabenen Dichtungsideal, dem noch keine Dichtung rein zu entsprechen schiene. Dennoch hielt er an der Potentialität der elysischen Idylle fest, und in seinen klassischen Dramen finden sich zahlreiche idyllische Szenen, wenn nicht sogar im *Wilhelm Tell* eine idyllisch-utopische Struktur (Gert Sautermeister, Gerhard Kaiser).

Idylle und Utopie

Schon die Tatsache, daß Schiller die *Idylle* im Text eigens hervor-
hebt und ihr fast eine eigene Abhandlung widmet, müßte zu denken
geben und auf ihre Bedeutung im Werk Schillers nachdrücklich hinweisen (Gerhard Kaiser). So scheint es, als wäre sie die höchste
Form der Kunst, die Synthese von naiver und sentimentalischer
Dichtung. Nicht nur die Idylle, auch die zwei anderen Empfindungsweisen, Satire und Elegie, artikulieren schon ein utopisches
Interesse: Jene, indem sie den Mangel an der Wirklichkeit betont,
die ein Gegenbild fordert; diese, indem sie ein vergangenes Ideal beschwört oder ihm nachtrauert. Beide kritisieren immanent die moderne Entfremdung von der Natur und die herrschende Gesell-
schaftsform, um eine ganz andere zu fordern. Doch erst Schillers
»Theorie der Idylle« spricht diese utopische Funktion der Dichtung
mit Bestimmtheit aus:

> Der Begriff dieser Idylle ist der Begriff eines völlig aufgelösten
> Kampfes sowohl in dem einzelnen Menschen, als in der Gesell-
> schaft, einer freyen Vereinigung der Neigungen mit dem Geset-
> ze, einer zur höchsten sittlichen Würde hinaufgeläuterten Na-
> tur, kurz, er ist kein andrer als das Ideal der Schönheit auf das
> wirkliche Leben angewendet. Ihr Charakter besteht also dar-
> inn, daß aller Gegensatz der Wirklichkeit mit
> dem Ideale [...] vollkommen aufgehoben sey, und mit dem-
> selben auch aller Streit der Empfindungen aufhöre. (73 f.)

Wie schon in den Briefen *Über die ästhetische Erziehung des
Menschen*, in denen es Schiller auch um eine Versöhnung der Gegensätze von Sinnlichkeit und Vernunft, Stofftrieb und Formtrieb,
Kultur und Freiheit ging (»Spieltrieb«, »ästhetischer Zustand«, »ästhetischer Staat«), sehnt er sich auch hier nach Ganzheit, Dauer und
Harmonie, kurz: nach einem utopischen Ganzen, das die Dichtung
als Möglichkeit erinnern oder beschwören kann.

Diese utopische Funktion ist auch Schillers ästhetischer Geschichtsphilosophie eingeschrieben. Sie wird der Menschheit als
eine Entwicklung von Arkadien durch die Geschichte nach Elysium
vorgezeichnet (73). Die arkadische Idylle der Antike ist dem Menschen, »der nun einmal nicht mehr nach A r k a d i e n zurück kann«,
verstellt (ebd.). Sie bleibt ihm als eine Utopie in der Vergangenheit
erhalten, die so nicht wiederholbar ist. Davon ist er durch die Ge-

schichte, den Prozeß der Zivilisation, getrennt. Die elysische Idylle, das Ziel der Geschichte, wird der Menschheit als Aufgabe, als ein unendlicher Prozeß, vorgestellt. Sie ist gleichsam die regulative Idee der Menschheitsgeschichte. Aufgabe des Dichters ist es, dieses Ideal einer möglichen Vollendung dem Menschen vorzustellen, mit den Möglichkeiten der Dichtkunst zu spielen und durch den Vorschein der Kunst an das Ideal zu erinnern, um so den lesenden und handelnden Menschen zu erfrischen, zu stärken und zu veredeln.

Im »erfüllten Ideal« wäre auch der Widerstreit von naiver und sentimentalischer Empfindungen aufgehoben. Das Resultat dieser Synthese wäre, »auch unter den Bedingungen der Reflexion die naive Empfindung, dem Innhalt nach, wieder herzustellen« (75). Denn es ist die »gemeinschaftliche Aufgabe« beider, »der menschlichen Natur ihren völligen Ausdruck zu geben« (ebd.).

Erholung und Veredlung

Keine Abhandlung Schillers ist so mit fast ausschließlicher Konzentration auf nur wenige Textpassagen gedeutet worden wie diese. Fast gewinnt man den Eindruck, als hätten die Interpreten nach der Analyse der modernen Poetik Schillers das Interesse verloren und wüßten mit dem doppelten Ende nichts mehr anzufangen. Doch hängen Schillers Überlegungen zur gesellschaftlichen Funktion der Literatur und zur Anthropologie aufs engste mit dem Vorhergehenden zusammen.

Schillers Interpretation des Horazschen »prodesse aut delectare« ist nichts weniger als eine moderne Geschmackssoziologie unter sentimentalischer Perspektive, die ebenso originell wie anspruchsvoll ist. Der alte Topos vom Nutzen und Vergnügen der Dichtkunst wird von Schiller in einem modernen Sinne neu gedeutet, indem er die gesellschaftliche Arbeitsteilung zur Grundlage seiner Betrachtung macht: »Der Geisteszustand der mehresten Menschen ist auf Einer Seite anspannende und erschöpfende Arbeit, auf der andern erschlaffender Genuß.« (90) Die »arbeitende Klasse« greife deshalb in ihrer freien Zeit zu Büchern, die sie unterhalten oder entspannen. Schiller sieht darin eine berechtigte Forderung an die Dichtung; die Frage ist bloß, wie man den Begriff der ›Erholung‹ definiert. Für ihn gibt es, wie könnte es anders sein, zwei Arten der Erholung: eine, die dem »Bedürfniß der sinnlichen Natur«

entspricht, und eine andere, welche die »Selbstständigkeit der menschlichen« wieder herstellt (89). Die sinnliche Art der Erholung gewährt zwar Entspannung und Genuß, aber sie überläßt sich bloß der »Leerheit und Platitüde«, was sowohl für den »stumpfsinnigen Gelehrten« wie für den »erschöpften Geschäftsmann« gilt. Sie ist Schiller zu anspruchslos und zu platt. Sein »Ideal der Erholung« ist nichts weniger als »die Wiederherstellung unseres Naturganzen nach einseitigen Spannungen« (ebd.). Sie wäre nichts Geringeres als ein ästhetischer Zustand, die Harmonie von Sinnlichkeit und Geist angesichts des Schönen: »Einen offenen Sinn, ein erweitertes Herz, einen frischen und ungeschwächten Geist muß man dazu mitbringen, seine ganze Natur muß man beysammen haben.« (90) Obwohl es für Schiller »in der Theorie« keine Frage ist, welche Art der Erholung er bevorzugt, so weiß er doch auch, daß in der Lebenspraxis »erst die Natur befriedigt seyn muß, ehe der Geist eine Foderung machen kann« (ebd.).

Hinzu kommt, daß noch ein anderes Problem Schillers »Theorie der Erholung« kompliziert: Schon am Ende seiner poetologischen Überlegungen hatte er vor den Einseitigkeiten und Klippen sowohl der naiven wie sentimentalischen Dichtung gewarnt (81–89). Die »bloße Nachahmung der wirklichen Natur« neige zu »unsäglichen Platitüden«, und der »gemeine« Leser könne sich »nur in der Leerheit erholen« (83); bei der Darstellung des Ideals hingegen laufe der Dichter Gefahr, durch Idealisierung die Grenzen der menschlichen Natur zu überschreiten und zu schwärmen. Dieser »Fehler der Überspannung« (84) führe als Postulat der moralischen Veredlung durch Dichtkunst zu einer Überforderung des Lesers. Daher kann und will es Schiller »weder dem arbeitenden Theile der Menschen überlassen«, den »Begriff der Erholung nach seinem Bedürfniß, noch dem contemplativen Theile, den Begriff der Veredlung nach seinen Speculationen zu bestimmen« (94). Jener sei »zu physisch und der Poesie zu unwürdig«, dieser »zu hyperphysisch und der Poesie zu überschwenglich« (ebd.). Beide entsprechen nicht seinem Ideal der Kunst und »schöner Menschlichkeit«.

Deshalb muß er sich

nach einer Klasse von Menschen umsehen, welche ohne zu arbeiten thätig ist, und idealisiren kann, ohne zu schwärmen; welche alle Realitäten des Lebens mit den wenigstmöglichen Schranken desselben in sich vereiniget [...]. Nur eine solche

Klasse kann das schöne Ganze menschlicher Natur, welches durch jede Arbeit augenblicklich, und durch ein arbeitendes Leben anhaltend zerstört wird, aufbewahren [...]. (94)

Die Stelle erinnert an das Ende der Briefe *Über die ästhetische Erziehung des Menschen*, wo Schiller von jenen »wenigen auserlesenen Zirkeln« spricht, die den »Staat des schönen Scheins« schon antizipieren (NA 20,412). Was dort noch als mögliche Tendenz und utopische Projektion gelesen werden konnte, wird hier »bloß als Idee« betrachtet. Denn mit der Frage, ob »eine solche Klasse wirklich existire«, will er »nichts zu schaffen« haben (94).

Das ist mißlich und irritierend. Was als gesellschaftsbezogene Kritik des literarischen Lebens so scharfsinnig begonnen hatte, endet in einer verkürzten Reflexion über das ideale Verhältnis von Literatur und Gesellschaft. Da Schiller den Geschmack des realen Publikums aus guten Gründen nicht akzeptieren kann und das ideale Publikum kaum existiert, hat er sich kultursoziologisch damit in eine extreme Position hineinmanövriert. Die »arbeitende Klasse«, die »Opfer ihres Berufs« ist, scheint er aufgegeben zu haben, und nur für eine gebildete Elite zu schreiben, die »ohne zu arbeiten thätig ist« (ebd.). Hier wird die soziale Funktion der Literatur dem Kunstideal untergeordnet. Vielleicht geschieht dies an dieser Stelle auch nur deshalb, um nochmals kurz und bündig das eigentliche Anliegen zu formulieren: »Denn endlich müssen wir es doch gestehen, daß weder der naive noch der sentimentalische Charakter, für sich allein betrachtet, das Ideal schöner Menschlichkeit ganz erschöpfen, das nur aus der innigen Verbindung beyder hervorgehen kann.« (94 f.) Das ist keck formuliert, dazu noch höchst idealistisch – und bedarf weiterer Erklärung.

Realist und Idealist

Um diesen »psychologischen Antagonism« (95) beschreiben und deuten zu können, muß Schiller zum Abschluß so weit gehen, vom naiven und sentimentalischen Dichter auch noch das zu abstrahieren, »was beyde poetisches haben« (96). Dieses Gedankenexperiment hat einen doppelten Sinn: Nicht nur klärt es nochmals Schillers Verhältnis zum Realisten Goethe, auch wenn dieser nur als Phantom gegenwärtig ist, sondern es erklärt auch die Antinomien der modernen Kultur. Die geistigen Tendenzen der Zeit reduziert Schiller auf den Gegensatz von Realismus und Idealismus, deren Einseitigkeiten und Widerstreit die Quelle aller Übel in der Kultur sein sollen.

Diese fast selbständige Abhandlung, die nach Schillerscher Denkart zunächst wieder antithetisch organisiert ist, läuft, wie er in einer Fußnote gleich zu Beginn betont, wieder auf eine Aufhebung des Gegensatzes von ›Realist‹ und ›Idealist‹ hinaus. Er will jeder »Mißdeutung« vorbeugen, indem er von Anfang an vor ihrer Einseitigkeit und Ausschließlichkeit warnt:

> Gerade diese Ausschließung, welche sich in der Erfahrung findet, bekämpfe ich; und das Resultat der gegenwärtigen Betrachtungen wird der Beweis seyn, daß nur durch die vollkommen gleiche Einschließung beyder dem Vernunftbegriffe der Menschheit kann Genüge geleistet werden. (96 f.)

Doch zunächst konstruiert Schiller, seinem dualistischen Weltbild entsprechend, wieder einen Kontrast zwischen dem Realisten und dem Idealisten:

> Da der Realist durch die Nothwendigkeit der Natur sich bestimmen läßt, der Idealist durch die Nothwendigkeit der Vernunft sich bestimmt, so muß zwischen beyden dasselbe Verhältniß Statt finden, welches zwischen den Wirkungen der Natur und den Handlungen der Vernunft angetroffen wird. (97)

Was folgt, ist eine antithetische Charakterisierung der beiden Idealtypen. Realist und Idealist werden kategorial nach ihrem Verhältnis zur Wirklichkeit, Moral, Politik und Geschmack beschrieben und eingeordnet, was dem Schluß der Abhandlung einen gewissen Schematismus aufzwingt.

Schiller weiß um die Einseitigkeiten beider Typen und ist bestrebt, sie auszugleichen. Denn der Realist ist beschränkt, da er sich nur an der Wirklichkeit orientiert; während der Idealist abstrakt denkt, da er sich nicht um den Gehalt der Wirklichkeit kümmert. Erstaunlich ist, daß der Idealist Schiller für den Realisten viel Verständnis zeigt und sich hütet, den Idealisten auf Kosten des Realisten aufzuwerten. Ja, an manchen Stellen kritisiert er den Idealisten schärfer als den Realisten, da dieser »über dem unbegrenzten Ideale den begrenzten Fall der Anwendung übersieht und, von einem Maximum erfüllt, das Minimum verabsäumt, aus dem doch alles

Große in der Wirklichkeit erwächst« (101). Die »Einseitigkeit beyder Systeme« schadet »dem reichen Gehalt der menschlichen Natur« (104). Da beide jedoch nicht konsequent verfahren, Schiller
»dem Realisten einen moralischen Werth und dem Idealisten einen
Erfahrungsgehalt« zugestehen muß, so vermischen sie sich in der
Lebenspraxis. Auch wenn sie dabei nicht dem »Ideal vollkommener
Menschheit« entsprechen, so weisen beide doch darauf hin, »was
der Menschheit möglich ist« (106 f.). Für den »aufmerksamen und
partheylosen Leser« will er nicht erst ausführlich beweisen, »daß
das Ideal menschlicher Natur unter beyde vertheilt, von keinem
aber völlig erreicht ist« (105).

Abrupt endet Schillers Schrift mit einer Warnung vor falschem
Idealismus und dem Phantasten, was wohl auch als versteckte Warnung vor jedweder Schwärmerei für die Französische Revolution
verstanden werden kann. Jedenfalls fehlt dem Text die Rundung von
Schillers anderen theoretischen Arbeiten. Dennoch kann diese Abhandlung als Manifest der Weimarer Klassik und als geschichtsphi-
losophischer Entwurf einer modernen Poetik gelesen werden, die
Folgen bis ins 20. Jahrhundert hatte.

Ein Glossar?

Überblickt man die Deutungsgeschichte von Schillers Abhandlung,
so fällt auf, daß die originellsten Beiträge ihre Deutung bewußt
pointiert zuspitzen: »Schillers Theorie der modernen Literatur«
(Georg Lukács), »Das Naive ist das Sentimentalische« (Peter Szondi), »Das Sentimentalische ist das Erhabene« (Carsten Zelle), Klassizität ist »das Naive im Sentimentalischen« (Wilfried Barner), um
nur einige markante Beispiele zu nennen. Sie alle versuchen, die
komplexe Beziehung des Naiven zum Sentimentalischen auf eine
überzeugende Formel zu bringen, ohne jedoch das Problem eindeutig lösen zu können. Auch wenn man versuchte, »den Knoten von
Schillers verschlungener Terminologie« (Szondi), ihre Äquivokationen und Widersprüche, mit Hilfe eines Glossars zu lösen, um die
Argumentation zu glätten, so würde selbst das nicht zu eindeutigen
Antworten führen (Olive Sayce). Nicht nur haben die Begriffe ›Natur‹ und ›Naivität‹, ›Antike‹ und ›Moderne‹, ›naiv‹ und ›sentimentalisch‹ je nach Kontext und Stellenwert des Arguments recht un-
terschiedliche Bedeutungen, auch der Widerspruch zwischen einer

historischen und typologischen Betrachtungsweise erschwert die Lektüre, ganz zu schweigen von den zugrunde liegenden Antinomien der Wirklichkeit, die dem Entwurf einer neuen Poetik einen idealistischen Überschwang verleihen. Selbst wenn es gelänge, ein solches Glossar zu erstellen, so bliebe immer noch ein Rest an Widersprüchlichkeit, der zum Widerspruch reizt.

Literaturhinweise

Gaede, Udo: Schillers Abhandlung *Über naive und sentimentalische Dichtung*. Studien zur Entstehungsgeschichte. Berlin 1899.

Basch, Victor: La poétique de Schiller. Paris 1902.

Bauch, Bruno: »Naiv« und »Sentimentalisch«, »Klassisch« und »Romantisch«. In: Archiv für die Geschichte der Philosophie 16 (1903) S. 486–515.

Meng, Heinrich: Schillers Abhandlung *Über naive und sentimentalische Dichtung*. Prolegomena zu einer Typologie des Dichterischen. Frauenfeld 1936.

Lukács, Georg: Schillers Theorie der modernen Literatur. (1935/37) In: Internationale Literatur 3/4 (1937) S. 97–110; 110–123. Wiederabgedr. in: G. L.: Faust und Faustus. Hamburg 1967. S. 76–109.

Havenstein, Martin: Wahrheit und Irrtum in Schillers Unterscheidung von naiver und sentimentalischer Dichtung. In: Zeitschrift für Ästhetik 32 (1938) S. 237–251.

Wellek, René: A History of Modern Criticism, 1750–1950. London 1955. Bd. 1. S. 235–241. Dt. Darmstadt [u. a.] 1977. Bd. 1. S. 239–245.

Brinkmann, Richard: Romantische Dichtungstheorie in Friedrich Schlegels Frühschriften und Schillers Begriffe des Naiven und Sentimentalischen. In: Deutsche Vierteljahrsschrift für Literaturwissenschaft und Geistesgeschichte 32 (1958) S. 344–371.

Rüdiger, Horst: Schiller und das Pastorale. In: Euphorion 53 (1959) S. 229–251.

Wiese, Benno von: Friedrich Schiller. Stuttgart 1959. [S. 530–547.]

Binder, Wolfgang: Die Begriffe »naiv« und »sentimentalisch« in Schillers Drama. In: Jahrbuch der Deutschen Schillergesellschaft 4 (1960) S. 140–157.

Lange, Viktor: Schillers Poetik. In: Dichtung und Deutung. Gedächtnisschrift für Hans M. Wolf. Hrsg. von Karl S. Guthke. Bern 1961. S. 55–68.

Sayce, Olive: Das Problem der Vieldeutigkeit in Schillers ästhetischer Terminologie. In: Jahrbuch der Deutschen Schillergesellschaft 6 (1962) S. 149–177.

Hermand, Jost: Schillers Abhandlung *Über naive und sentimentalische Dichtung* im Lichte der deutschen Popularphilosophie des

18. Jahrhunderts. In: Publications of the Modern Language Association of America 79 (1964) S. 428–441.

Wells, George A.: Schiller's View of Nature in *Über naive und sentimentalische Dichtung*. In: Journal of English and Germanic Philology 65 (1966) S. 491–510.

Jauss, Hans Robert: Friedrich Schlegels und Friedrich Schillers Replik auf die »Querelle des Anciens et des Modernes«. (1967) In: H. R. J.: Literaturgeschichte als Provokation. Frankfurt a. M. 1970. S. 67–106.

Kraft, Herbert: Über sentimentalische und idyllische Dichtung. In: Studien zur Goethezeit. Festschrift für Liselotte Blumenthal. Hrsg. von Helmut Holzhauer und Bernd Zeller. Weimar 1968. S. 209–220.

Sautermeister, Gert: Idyllik und Dramatik im Werk Friedrich Schillers. Stuttgart 1971.

Szondi, Peter: Das Naive ist das Sentimentalische. Zur Begriffsdialektik in Schillers Abhandlung. In: Euphorion 66 (1972) S. 174–206.

Henn, Claudia: Simplizität, Naivität, Einfalt. Studien zur ästhetischen Terminologie in Frankreich und Deutschland, 1674–1771. Zürich 1974.

Kaiser, Gerhard: Wanderer und Idylle: Goethe und die Phänomenologie der Natur in der deutschen Dichtung von Geßner bis Gottfried Keller. Göttingen 1977.

Homann, Renate: Erhabenes und Satirisches. Zur Grundlegung einer Theorie ästhetischer Literatur bei Kant und Schiller. München 1977.

Kaiser, Gerhard: Von Arkadien nach Elysium. Schiller-Studien. Göttingen 1978.

Bathi, Thimothy: Une dialectique de *Dichtungsweisen*? Le cas de Schiller. In: Le Genre / Die Gattung / Genre. Colloque International. Université de Strasbourg. Straßburg 1979. S. 369–387.

Gethmann-Seifert, Annemarie: Idylle und Utopie. Zur gesellschaftskritischen Funktion der Kunst in Schillers Ästhetik. In: Jahrbuch der Deutschen Schillergesellschaft 24 (1980) S. 32–67.

Meyer, Albert: Der Grieche, die Natur und die Geschichte. Ein Motivzusammenhang in Schillers Briefen *Über die ästhetische Erziehung des Menschen* und *Über naive und sentimentalische Dichtung*. In: Jahrbuch der Deutschen Schillergesellschaft 29 (1985) S. 113–124.

Berghahn, Klaus L.: Schillers mythologische Symbolik. In: Weimarer Beiträge 31 (1985) S. 1802–1822.

Satonski, Dmitri: Friedrich Schillers Abhandlung *Über naive und sentimentalische Dichtung* und der europäische Realismus des 19. Jahrhunderts. In: Weimarer Beiträge 31 (1985) S. 1793–1802.

Marx, Wolfgang: Schillers »sentimentalische« Philosophie und ihre »naiven« Komponenten. In: Jahrbuch der Deutschen Schillergesellschaft 30 (1986) S. 251–264.

Japp, Uwe: Vermittlung der Modernität. Naives und Sentimentalisches bei Schiller. In: U. J.: Literatur und Modernität. Frankfurt a. M. 1987. S. 148–184.

Tschierske, Ulrich: Vernunftkritik und ästhetische Subjektivität. Studien zur Anthropologie Friedrich Schillers. Tübingen 1988.

Schneider, Helmut J.: Antike und Aufklärung. Zu den europäischen Voraussetzungen der deutschen Idyllentheorie. In: H. J. Sch.: Deutsche Idyllentheorien im 18. Jahrhundert. Tübingen 1988. S. 7–74.

Riedel, Wolfgang: *Der Spaziergang*. Ästhetik der Landschaft und Geschichtsphilosophie der Natur bei Schiller. Würzburg 1989. [S. 63–80.]

Barner, Wilfried: Anachronistische Klassizität. Zu Schillers Abhandlung *Über naive und sentimentalische Dichtung*. In: Klassik im Vergleich. Hrsg. von Wilhelm Voßkamp. Stuttgart 1993. S. 62–80.

Fischer, Bernd: Goethes Klassizismus und Schillers Poetologie der Moderne: *Über naive und sentimentalische Dichtung*. In: Zeitschrift für deutsche Philologie 113 (1994) S. 225–245.

Zelle, Carsten: Der Antagonismus des Naiven und Sentimentalischen bei Schiller. In: C. Z.: Die doppelte Ästhetik der Moderne. Stuttgart 1995. S. 188–219.

Sharpe, Lesley: *Über naive und sentimentalische Dichtung*. In: L. Sh.: Schiller's Aesthetic Essays. Two Centuries of Criticism. Columbia (S. C.) 1995. S.108–115.

Koopmann, Helmut: *Über naive und sentimentalische Dichtung*. In: Schiller-Handbuch. Hrsg. von Helmut Koopmann. Stuttgart 1998. S. 627–638.

Grimm, Sieglinde: Von der sentimentalischen Dichtung zur »Universalpoesie«. Schiller, Friedrich Schlegel und die »Wechselwirkung« Fichtes. In: Jahrbuch der Deutschen Schillergesellschaft 43 (1999) S. 159–187.

Inhalt